Tutoria e Interação em Educação a Distância

- Moodle
- Web 2.0
- Redes Sociais
- YouTube
- Facebook
- Twitter
- Games
- Mundos Virtuais

Dados Internacionais de Catalogação na Publicação (CIP)
(Câmara Brasileira do Livro, SP, Brasil)

Mattar, João
Tutoria e interação em educação a distância / João Mattar. -- São Paulo : Cengage Learning, 2012 (Série Educação e Tecnologia).

Bibliografia.
ISBN 978-85-221-1182-4

1. Educação a distância 2. Tecnologia educacional 3. Tutores e tutoria (Educação) I. Título II. Série.

11-07654 CDD-371.35

Índices para catálogo sistemático:

1. Educação a distância : Tutoria : Fundamentos 371.35
2. Tutoria : Educação a distância 371.35

Tutoria e Interação em Educação a Distância

- Moodle
- Web 2.0
- Redes Sociais
- YouTube
- Facebook
- Twitter
- Games
- Mundos Virtuais

João Mattar

CENGAGE Learning™

Austrália Brasil Japão Coreia México Cingapura Espanha Estados Unidos Reino Unido

CENGAGE Learning™

Tutoria e Interação em Educação a Distância
João Mattar

Gerente editorial: Patricia La Rosa

Supervisora editorial: Noelma Brocanelli

Supervisora de produção editorial e gráfica: Fabiana Alencar Albuquerque

Editora de desenvolvimento: Marileide Gomes

Copidesque: Márcia Rodrigues

Revisão: Viviam Moreira e Mônica Aguiar

Diagramação: Triall Composição Editorial Ltda.

Capa: MSDE/Manu Santos Design

Pesquisa Iconográfica: Vivian Rosa

Ilustração da abertura dos capítulos: Ivan Coutinho

Para informações sobre nossos produtos, entre em contato pelo telefone **0800 11 19 39**

Para permissão de uso de material desta obra, envie seu pedido para **direitosautorais@cengage.com**

ISBN-13: 978-85-221-1182-4
ISBN-10: 85-221-1182-0

Cengage Learning
Condomínio E-Business Park
Rua Werner Siemens, 111 – Prédio 20 – Espaço 04
Lapa de Baixo – CEP 05069-900 – São Paulo –SP
Tel.: (11) 3665-9900 – Fax: 3665-9901
SAC: 0800 11 19 39

Para suas soluções de curso e aprendizado, visite **www.cengage.com.br**

Impresso no Brasil
Printed in Brazil
1 2 3 4 14 13 12 11

Sobre o Autor

João Mattar é Bacharel em Filosofia pela PUC-SP e Bacharel em Letras pela USP. Fez cursos de extensão na University of California Berkeley, Pós-Graduação em Administração na FGV-SP, Mestrado em Tecnologia Educacional na Boise State University, Doutorado em Literatura na USP e Pós-Doutorado na Stanford University.

É autor de diversos livros, como: *Metodologia científica na era da informática* (Saraiva), *Games em educação: como os nativos digitais aprendem* (Pearson) e *Guia de Educação a Distância* (Cengage).

Atualmente é professor da Escola de Engenharia e Tecnologia da Universidade Anhembi Morumbi, do Programa de Pós-Graduação de Tecnologias da Inteligência e Design Digital (TIDD) da PUC-SP e Diretor da Artesanato Educacional.

e-mail: joaomattar@gmail.com
Twitter: @joaomattar
Blog: http://blog.joaomattar.com

Sumário

Abreviações

3D	Três Dimensões
ABED	Associação Brasileira de Educação a Distância
ABNT	Associação Brasileira de Normas Técnicas
ASVAB	Armed Services Vocational Aptitude Battery
ATTLS	Attitudes Towards Thinking and Learning Survey
AVA(s)	Ambiente(s) Virtual(is) de Aprendizagem
CARP	Contrast, Alignment, Repetition, and Proximity
CBO	Classificação Brasileira de Ocupações
CMS	Course Management System
Colles	Constructivist Online Learning Environment Survey
CTGV	Cognition and Technology Group at Vanderbilt
DE	Design Educacional
DI	Design Instrucional e Designer Instrucional
EaD	Educação a Distância
EBaD	Educação Bancária a Distância

Ecodi	Espaço de Convivência Digital Virtual
Enem	Exame Nacional do Ensino Médio
FAQs	Frequently Asked Questions
GBL	Goal Based Learning
IES	Instituição de Ensino Superior
IPES	Instituições Públicas de Ensino Superior
ISD	Instructional System Design
Jovaed	Jornada Virtual ABED de Educação a Distância
LabVirt	Laboratório Didático Virtual
LCMS	Learning Content Management System
LES	Laboratório de Engenharia de Software
LMS	Learning Management System
MEC	Ministério da Educação (do Brasil)
Merlot	Multimedia Educational Resource for Learning and Online Teaching
MIT	Massachusetts Institute of Technology
MLE	Mobile Learning Engine
MMOCs	Massive Open Online Courses ou Cursos on-line Abertos Massivos
Moodle	Modular Object-Oriented Dynamic Learning Environment
NIED	Núcleo de Informática Aplicada à Educação
OpenSim	Open Simulator
OSEG	OpenSim Education Grid
PBL	Problem Based Learning
PLE	Ambientes Pessoais de Aprendizagem
QI	Quociente de Inteligência

RA	Realidade Aumentada
REAs	Recursos Educacionais Abertos
Ricesu	Rede de Instituições Católicas de Ensino Superior
Rived	Rede Interativa Virtual de Educação
RL	Real Life
RV	Realidade Virtual
SEED	Secretaria de Educação a Distância (do Brasil)
Senaed	Seminário Nacional ABED de Educação a Distância
Senai	Serviço Nacional de Aprendizagem Industrial
Sinpro-SP	Sindicado dos Professores de São Paulo
SitCog	Situated Cognition
SL	Second Life
SLED	Second Life Educators List
Sloodle	Simulation Linked Object Oriented Dynamic Learning Environment
TCCs	Trabalhos de Conclusão de Curso
TICs	Tecnologias da Informação e da Comunicação
UAB	Universidade Aberta do Brasil
UFPE	Universidade Federal de Pernambuco
UFRJ	Universidade Federal do Rio de Janeiro
UNEB	Universidade do Estado da Bahia
Unicamp	Universidade Estadual de Campinas
USP	Universidade de São Paulo
UVB	Instituto Universidade Virtual Brasileira
ZDP	Zona de Desenvolvimento Proximal

Prefácio

O crescimento da Educação a Distância (EaD) nos últimos anos reflete o contexto da sociedade informacional e a mudança nas políticas públicas para essa modalidade, mudanças que possibilitaram sua expansão em instituições públicas e privadas. Assim, os pesquisadores que têm a EaD como objeto de estudo acompanham esse incremento com preocupação e tecem críticas aos muitos equívocos observados em diversas instituições.

João Mattar é um pesquisador de grande importância que tem criticado de forma contundente o papel dos professores nas instituições educacionais que adotaram a modalidade a distância. Seu trabalho criou um espaço até então inexistente de discussão virtual e presencial sobre os problemas enfrentados por esses professores. E não era sem tempo: a preocupação com os desdobramentos da EaD precisava desses espaços de interlocução onde os profissionais desta área pudessem, por fim, dialogar de maneira produtiva sobre sua prática.

Este livro é o resultado das reflexões sobre os inúmeros papéis do professor no desempenho de suas funções; reflexões que trazem importantes contribuições sobre a reinterpretação do trabalho docente e valiosos subsídios para a inovação do fazer pedagógico dos professores, independentemente de sua classificação, categorização ou mesmo de suas denominações.

Um dos pontos abordados neste livro é a controvérsia sobre o modelo de tutoria adotado, hoje, e que está na concepção de aprendizagem usada nos cursos a distância que, apesar de apresentarem em seus projetos propostas inovadoras, reservam aos tutores uma ação instrucionista, estruturada em princípios fordistas de execução do trabalho docente. O poder público evidencia a sua responsabilidade no esvaziamento das ações da tutoria estabelecendo a existência de equipes multidisciplinares e reservando ao tutor, ao mesmo tempo, um papel secundário, evidenciado pela precarização das condições de trabalho, da remuneração inferior (bolsas com valores menores) ou da pouca autonomia em seu trabalho. E isso, apesar do discurso recorrente de alguns gestores sobre a importância do tutor na EaD.

Na fala dos tutores sobre os problemas de sua função docente, além dessas questões salariais, existe uma insatisfação com suas atribuições, frequentemente cerceadas ou limitadas, apesar da formação que lhes é exigida (superior completo na área de atuação da disciplina, pós-graduação, formação continuada etc.). Ao observar as diversas responsabilidades atribuídas ao tutor, a única conclusão possível está na afirmação de João Mattar: "tutor é professor!".

As questões abordadas neste livro refletem com exatidão os elementos necessários para ação docente dos professores na EaD, como as estratégias de interação e interatividade, os princípios da docência, as diversas ferramentas nos ambientes virtuais de aprendizagem e sua convergência com as redes sociais, assim como a importância da avaliação e da formação dos professores – e tutores.

O texto de Mattar apresenta reflexões teóricas sobre o tema e exemplos de ações realizadas em instituições com variados cursos a distância. Além disso, desenha alguns aspectos interessantes e inovadores das inúmeras possibilidades da ação docente na EaD justamente por indicar perspectivas diferenciadas que deslocam os modelos existentes, abrindo um espaço de reflexão necessário que garante a continuidade da discussão sobre o conceito do papel dos professores na EaD.

Ana Beatriz Gomes Carvalho

Professora do Departamento de Métodos e Técnicas de Ensino (DMTE/CE) e do programa de Pós-Graduação (Mestrado) em Educação Matemática e Tecnológica (PPGE/Edumatec) da Universidade Federal de Pernambuco, na linha de pesquisa Educação Tecnológica.

1

Introdução

Quem me acompanha sabe que tenho uma posição muito crítica em relação às condições de trabalho dos tutores em Educação a Distância (EaD) no Brasil. O salário é indecente, e o tutor é quase sempre convidado a atuar passivamente, como um monitor, não como professor. Isso reforça um modelo de EaD conteudista, fordista, industrial e instrucional, que acaba afastando muita gente da EaD, embora não seja o único modelo possível de se fazer educação a distância. Ao contrário, há um modelo oposto, que dá mais importância à interação do que à produção de conteúdo e que, por sua vez, exige processos de formação de professores, profissionais pagos decentemente etc.

Uma historinha.

Uma disciplina presencial e semestral numa Instituição de Ensino Superior (IES) tem 6 professores, cada um com 3 turmas, totalizando 18 turmas. Cada turma tem em média 50 alunos, e as aulas duram 4 horas por semana.

Com a possibilidade aberta pelo Ministério da Educação (MEC) de as IES oferecerem 20% de sua carga horária em Educação a Distância, as disciplinas passaram a ser oferecidas a distância, com os professores (agora tutores) mantendo seus 50 alunos por turma, realizando diversas atividades de interação durante o semestre e elaborando instrumentos de avaliação adequados à nova situação. Esse era o cenário interessante para o qual a coisa caminhava, mas logo desvaneceu.

Reestruturação: há agora 400 alunos por "turma", as atividades e as provas são de múltipla escolha e o tutor (agora não mais professor) não deve mais realizar atividades de interação (mesmo porque não daria tempo), apenas enviar avisos motivacionais para os alunos, informando-os de que o conteúdo da aula X está disponível, o prazo para realizar a atividade de múltipla escolha está vencendo etc. A remuneração não diminuiu, mas o professor passou a receber menos horas-aula por seu trabalho – agora apenas 2, não mais 4. Ou seja, ele recebe agora 2 horas-aula de remuneração por 400 alunos, quando antes recebia 4 horas-aula por 50 alunos.

A IES obviamente não precisa mais dos seis tutores, um deles agora é suficiente para dar conta da nova função "docente": o tutor oficial da disciplina. Os outros cinco são demitidos.

Numa próxima etapa, nem mais do tutor remanescente a IES precisa – ela pode agora contratar um recém-formado para dar conta da função que é muito mais de monitor do que de professor. O último tutor é dispensado. Chega-se ao cúmulo de utilizar um mesmo "tutor" (agora monitor) para diversas disciplinas, muitas das quais ele não domina nem mesmo o conteúdo.

Essa é a história da adoção da EaD em muitas IES privadas em nosso país.

Não é à toa que muita gente não gosta da EaD. Uma EaD envolta em tantas manobras, em tanto desrespeito a alunos e professores e à própria educação, não pode agradar a quem encara a educação com seriedade.

A discussão sobre EaD e tutoria no Brasil não pode simplesmente passar uma borracha nessas questões, ignorando-as como se elas não existissem ou fossem coisa do passado. Elas precisam ser discutidas por professores, tutores, alunos e demais envolvidos em educação, já que nem o MEC nem as IES acenam com qualquer intenção de mudança na situação atual, em razão de ser lucrativa e confortável para os dois lados.

O problema não é apenas que o modelo esteja mais voltado para a entrega de material físico, deixando de lado o material humano que está à frente desse processo educacional, o problema não é só de valorização de conteúdo e desvalorização de material humano: é ainda anterior a isso, é trabalhista, de exploração, ideológico.

O tutor, nome dado ao professor que ensina a distância, é um personagem recente na história da educação brasileira. Institucionalizou-se não só na educação pública com a Universidade Aberta do Brasil (UAB), mas também em instituições de ensino superior privadas e na Educação a Distância (EaD) profissional e corporativa.

Este livro tem um objetivo duplo: propõe-se a reinterpretar a atuação do tutor como docente e simultaneamente oferecer subsídios para o trabalho do professor em EaD. Ou seja, se você é tutor, encontrará aqui uma reflexão sobre sua atuação e suporte para desenvolver atividades com qualidade e criatividade. Quem tem qualquer interesse ou atua em EaD em outro setor, encontrará neste livro material de reflexão e prática sobre uma atividade essencial na EaD, a mediação pedagógica.

Para aproveitar a leitura deste livro, você não precisa de conhecimentos prévios sobre o universo da Educação a Distância. Há um Glossário no final do texto com a definição de alguns termos essenciais, que você talvez prefira percorrer antes de continuar a leitura.

O texto introdutório, Tutor é Professor, faz uma reflexão e uma crítica à situação da docência em EaD no nosso país.

O primeiro capítulo, Do Fordismo ao Conectivismo: Modelos de EaD, apresenta diversas teorias de aprendizagem que podem fundamentar sua prática docente, como o conectivismo.

O segundo capítulo, Interação e Interatividade, apresenta o estado da arte sobre o tema, apontando para diferentes tipos de interação em ambientes virtuais.

O terceiro capítulo, Docência em EaD, sugere a atuação do professor em EaD como autor, designer instrucional, produtor de material didático e remixador de conteúdo.

O quarto capítulo discute Ambientes Virtuais de Aprendizagem (AVAs), como o Modular Object-Oriented Dynamic Learning Environment (Moodle) e diversas plataformas da Web 2.0, e redes sociais, como Twitter, Facebook, YouTube e Skype, e seus usos em educação.

O quinto capítulo, Atividades Síncronas e Assíncronas, explora atividades que o professor pode utilizar em EaD, como chats, fóruns, wikis etc., usando quase sempre o Moodle como referência.

O sexto capítulo, Avaliação, explora a avaliação dos alunos e de cursos de EaD, tanto formativa quanto somativa.

O sétimo capítulo, Formação Continuada de Professores, apresenta um case em que as várias ideias discutidas no livro foram colocadas em prática.

Após a Conclusão do livro, você encontrará o Glossário com algumas palavras ou expressões utilizadas no livro e, em seguida, a Bibliografia.

Todas as traduções de citações originais de outras línguas foram feitas pelo autor, evitamos assim utilizar as indicações "Tradução do Autor", "O Autor" etc.

Espero que a leitura seja prazerosa, que o leve a refletir sobre sua prática e que você possa aproveitar várias ideias, dicas e orientações para aperfeiçoar sua atuação em EaD. Ou, se você não atua na área, que termine a viagem compreendendo várias questões importantes que fazem parte desse universo tão complexo e maravilhoso.

Tutor é Professor

Tutor é professor?

Bruno e Lemgruber (2009, p. 6, grifo nosso) apontam dois documentos legais que ressaltam o entendimento do tutor como professor:

> "§ Único. Para os fins desta Portaria, entende-se que a tutoria das disciplinas ofertadas na modalidade semipresencial implica na existência de **docentes** qualificados em nível compatível ao previsto no projeto pedagógico do curso, com carga horária específica para os momentos presenciais e os momentos a distância." (Art. 2º da Portaria nº 4.059/2004)
>
> "O quadro técnico e pedagógico para o funcionamento de cursos e programas a distância autorizados" explicita que a função de tutoria terá que ser exercida por "**professores**". (Deliberação CEE-RJ nº 297/2006)

Embora menos claro, mas mais recentemente o reconhecimento do tutor como professor pode ser observado em um documento do MEC (BRASIL, 2009a, p. 8, grifo nosso) na referência à formação exigida do tutor:

> Tutor: profissional selecionado pelas IPES [Instituições Públicas de Ensino Superior] vinculadas ao Sistema UAB [Universidade Aberta do Brasil] para o exercício das atividades típicas de tutoria, sendo exigida formação de nível superior e **experiência mínima**

> **de 1 (um) ano no magistério do ensino básico ou superior**, ou ter formação pós-graduada, ou estar vinculado a programa de pós-graduação.

Apesar da mensagem desses e de outros documentos, a atividade de tutoria é encarada por muitos de maneira pejorativa, como um rebaixamento da função docente.

A escolha do termo é infeliz. Em linguagem jurídica, *tutor* é aquele que exerce tutela, ou seja, proteção de alguém mais frágil; aquele que vela, na vida civil, por um menor, interdito ou desaparecido, administrando seus bens. O tutor é nomeado por um juiz para tomar decisões em nome de uma pessoa que é considerada incapaz de fazê-lo por si própria. Certamente, não são esses os personagens de que precisamos na educação no Brasil.

Nesse sentido, alguns autores defendem a superação do termo para definir a função docente na Educação a Distância (EaD). Silva (2006a) utiliza *professorar*, que é inclusive dicionarizado com o sentido de trabalhar como professor. Para Bruno e Lemgruber (2009, p. 7), a nomenclatura deveria ser descartada ou reconceituada:

> Estamos, intencionalmente, utilizando o termo professor-tutor por considerarmos que o tutor a distância é também um docente e não simplesmente um animador ou monitor neste processo, e muito menos um repassador de pacotes instrucionais. Este profissional, como mediador pedagógico do processo de ensino e de aprendizagem, é aquele que também assume a docência e, portanto, deve ter plenas condições de mediar conteúdos e intervir para a aprendizagem. Por isso, na prática, o professor-tutor é um docente que deve possuir domínio, tanto tecnológico quanto didático, de conteúdo.
>
> [...]
>
> [não se justifica] a denominação de tutoria, que descaracteriza a função docente para profissionais que assumem a mediação pedagógica.

O tutor, na verdade, realiza inúmeras funções docentes, o que pode ser observado nas definições de suas atribuições na Universidade Aberta do Brasil (UAB) pelo MEC (BRASIL, 2009b, p. 3-4):

- mediar a comunicação de conteúdos entre o professor e os cursistas;
- acompanhar as atividades discentes, conforme o cronograma do curso;
- apoiar o professor da disciplina no desenvolvimento das atividades docentes;
- manter regularidade de acesso ao AVA e dar retorno às solicitações do cursista no prazo máximo de 24 horas;
- estabelecer contato permanente com os alunos e mediar as atividades discentes;
- colaborar com a coordenação do curso na avaliação dos estudantes;
- participar das atividades de capacitação e atualização promovidas pela Instituição de Ensino;
- elaborar relatórios mensais de acompanhamento dos alunos e encaminhar à coordenação de tutoria;
- participar do processo de avaliação da disciplina sob orientação do professor responsável;
- apoiar operacionalmente a coordenação do curso nas atividades presenciais nos polos, em especial na aplicação de avaliações.

Levando em consideração um cenário diferente da UAB, Bonk e Dennen (2003) ressaltam que o tutor desempenha diferentes papéis simultaneamente.

Em primeiro lugar, ele organiza a classe virtual, definindo o calendário e os objetivos do curso, dividindo grupos e deixando claras as expectativas em relação aos alunos, principalmente no sentido da interação esperada. A função do tutor é também acompanhar o aprendizado dos alunos e coordenar o tempo para o acesso ao material e a realização de atividades. Nesse sentido, o tutor desempenha um **papel administrativo e organizacional**.

O tutor é responsável pelo contato inicial com a turma: provoca a apresentação dos alunos e inclusive lida com os mais tímidos, que não se expõem com facilidade em um ambiente virtual; envia mensagens de agradecimento; fornece a eles feedback rápido; mantém um tom amigável. O tutor é responsável por gerar um senso de comunidade na turma que conduz e, por isso, deve ter um elevado grau de inteligência interpessoal. Nesse sentido, ele desempenha um **papel social**.

O tutor tem também um **papel pedagógico e intelectual**, que envolve elaborar atividades, incentivar a pesquisa, fazer perguntas, avaliar respostas, relacionar comentários discrepantes, coordenar as discussões, sintetizar seus pontos principais e desenvolver o clima intelectual geral do curso, encorajando a construção do conhecimento.

O tutor deve auxiliar os alunos na interpretação do material visual e multimídia, pois muitas vezes os alunos não possuem essa capacidade e isso pode prejudicar o andamento do curso. Nesse caso, ele desempenha um **papel tecnológico**.

Por fim, o tutor deve avaliar as atividades desenvolvidas pelos alunos no curso.

Naturalmente, as exigências para com o tutor são enormes, incluindo a capacidade para exercer todas essas funções e desempenhar todos esses papéis. Na prática, ele encontra naturalmente dificuldades para cumprir todas essas atribuições.

Orientado pela professora Ana Beatriz Gomes de Carvalho na Universidade Federal de Pernambuco (UFPE), José Severino de Silva vem estudando esse desencontro entre nossas expectativas e a prática da tutoria em sua pesquisa de mestrado, "A ação docente na EaD: a mediação do tutor entre o discurso e a prática". Sua conclusão parcial é que as ações dos docentes chegam inclusive a extrapolar as atribuições dos documentos legais. Nesse sentido, segundo Bruno e Lemgruber (2009, p. 2-3), é possível falar em precarização do trabalho docente na EaD, em função de tanto peso depositado sobre o trabalho do tutor, que ainda por cima não é reconhecido como professor:

> É notável, sem dúvida, certa perversidade no tocante a essa pluralidade na docência, pois denota tanto a diluição do papel e da função do professor, quanto pode promover a desprofissionalização docente, na medida em que suas ações são retalhadas, fragmentadas e com elas todo o processo de ensino e de aprendizagem.

Para os irmãos Tractenberg (2007, p. 4), há hoje uma "condição cada vez mais comum de precarização do trabalho docente junto às instituições de ensino, que o transformam em mão de obra barata, contingenciável e substituível, desprovida de direitos e de possibilidades de participação na concepção e planejamento do seu próprio trabalho".

Na visão de Dirr (2003), com a EaD, o ofício do professor estaria sendo fragmentado em uma série discreta de tarefas que passam a ser realizadas por diferentes pessoas. Uma maneira de quebrar a função pedagógica do professor seria justamente retalhar o processo de educação em componentes, como: desenvolvimento de currículo, desenvolvimento de conteúdo, entrega da informação, mediação e tutoria, serviços de suporte aos estudantes, administração e avaliação. Isso resultaria na des-montagem, des-integração e des-especialização da profissão de professor.

Outra questão que reforça o rebaixamento do trabalho docente é a remuneração extremamente baixa que um tutor recebe, por exemplo, na UAB, em comparação à remuneração de professores presenciais na mesma IPE, além de essa remuneração se caracterizar como bolsa de duração limitada, o que não promove vinculação entre o tutor e a instituição. Essa não institucionalização do trabalho docente caracteriza o trabalho dos tutores na UAB, contratados em regime precário para desempenhar o papel de professor, descrito em resoluções que, para Lapa e Pretto (2010, p. 91):

> enquadram esses profissionais como bolsistas, não lhes dando nem mesmo o direito a declaração de trabalho mencionando a função "professor", evitando com isso a consolidação de vínculos empregatícios e a sua inserção na categoria simbólica de profissionais da educação. Em síntese, nessas condições, o que se tem é uma enorme precarização do trabalho docente, que se desdobra, na prática, entre outras coisas, por meio da baixa remuneração, que acaba por excluir profissionais qualificados, e da falta de reconhecimento profissional.

Afinal de contas, por que o tutor ganha menos de 10% que um professor presencial na mesma instituição pública de ensino?

Algumas possíveis respostas: (a) porque a EaD vale menos de 10% que a educação presencial, como modalidade de ensino; (b) porque se acredita que EaD seja sinônimo de "tó aqui o conteúdo e se vira sozinho"; (c) porque se acredita que o que vale na educação é o conteúdo, não a mediação pedagógica; (d) porque para o governo interessam primordialmente números e estatísticas, para mostrar que milhares de professores estão sendo formados no país, e não exatamente qualidade.

É possível supor que o tutor tenha sido desenhado em posição tão inferior na hierarquia docente no projeto da UAB (abaixo de supervisores, conteudistas e professores-pesquisadores) porque se concebeu um aluno com autonomia suficiente para estudar sozinho, precisando apenas de um bom conteúdo e um monitor, o que caracteriza o modelo "conteúdo + suporte". Mas autonomia não é sinônimo de "não quero professor". Chega a ser surrealista a concepção de um modelo nacional de formação de professores sem que no projeto pedagógico exista a figura do professor, exercendo a docência. Como será possível direcionar o país no caminho da formação de professores sem professores?

Como resistência a essa precarização, cabe registrar o que relatam os irmãos Tractenberg (2007, p. 4, grifo dos autores) sobre o desenvolvimento do fenômeno da docência on-line independente:

> No limite, a figura do docente independente opõe-se à do professor-horista, "proletário" subordinado à instituição de ensino, que não é chamado a participar da elaboração do projeto pedagógico dos cursos, não decide sobre seus conteúdos, materiais didáticos, atividades e formas de avaliação, e cuja função é simplesmente a de executar o que foi determinado no "programa curricular".

Para os irmãos Tractenberg (2006; 2007), o docente on-line independente é independente de uma instituição educacional reguladora e intermediadora dos serviços educacionais que ele presta. É um empreendedor, um profissional autônomo que pode viver de seu próprio trabalho e não precisa ser contratado por uma instituição educacional e se submeter a regras, currículos ou procedimentos. Uma condição comum, hoje, aos tutores de cursos de EaD é a baixíssima participação e controle sobre o programa que já foi predefinido pela instituição. Para os irmãos Tractenberg (2007, p. 4), o docente on-line independente, ao contrário, tem "autonomia na autoria do projeto pedagógico e no controle dos meios de desenvolvimento, divulgação, gestão, implementação e avaliação dos seus cursos, bem como a fruição integral dos proventos financeiros gerados".

Com a redução de custos, difusão social e maior facilidade no uso de tecnologias da comunicação e da informação, as barreiras tecnológicas para os docentes on-line independentes tendem a diminuir. Por consequência, a docência on-line independente tende a constituir um movimento significativo de reação contra a precarização do trabalho docente em EaD.

Tutor é professor é o nome de um movimento que ganha força em nosso país no momento em que este livro está sendo escrito. Ele já tem uma conta no Twitter (@tutoreprof) e duas propostas voluntárias de logotipo:

Figura I: Tutor é professor.

Fonte: Desenvolvido por X-Orion.

TUTOR É PROFESSOR
MOVIMENTO DE UNIFICAÇÃO DA PROFISSÃO
TUTOR É PROFESSOR
MOVIMENTO DE UNIFICAÇÃO DA PROFISSÃO
TUTOR É PROFESSOR

Figura 2: Tutor é professor (movimento de unificação da profissão).
Fonte: Desenvolvido pela Gestão Ativa.

O documento a seguir resume as preocupações e propostas do movimento.

Tutor é Professor: Carta de João Pessoa

Este documento é produto dos debates que ocorreram no Encontro de Professores de EaD realizado em João Pessoa durante o 8° Senaed – Seminário Nacional ABED de Educação a Distância, em 28 e 29 de Abril de 2011, e organizado pela ABED – Associação Brasileira de Educação a Distância.

Um dos pressupostos que fundamenta este documento é que o exercício da docência, independente de ser presencial ou a distância, está inserido nos princípios da educação, segundo a LDB – Lei de Diretrizes e Bases da Educação Nacional, n° 9.394/96.

Nesse sentido, o documento expressa as inquietações de um movimento nacional que vem se desenvolvendo há anos, agora denominado "Tutor é Professor".

A precarização do trabalho docente em EaD a que assistimos no país está subordinada a projetos político-pedagógicos que proletarizam a função do professor, caracterizando-o como tutor.

Em nossos debates houve consenso em relação aos problemas da docência na UAB – Universidade Aberta do Brasil, dentre os quais foram levantados: o fato de o professor, ao exercer a função hoje denominada tutor, receber uma remuneração ínfima em relação à remuneração de professores que exercem a docência na mesma instituição pública; o fato de receber uma bolsa (e não salário), sem nenhum direito trabalhista; e a transitoriedade e instabilidade de sua atuação, sem vinculação com a instituição. Em função desses problemas, consideramos que os professores devem ter voz ativa na reelaboração de novos modelos de EaD para o país.

É importante ressaltar que a proletarização do trabalho docente na EaD não ocorre apenas no ambiente acadêmico, mas também no ambiente corporativo e em cursos livres, por exemplo.

Ressaltamos também a necessidade e importância da formação permanente e adequada para a docência, em todos os níveis e modalidades.

Consideramos ainda que a docência em todos os âmbitos já está regulamentada como profissão de professor, por isso é essencial a participação de sindicatos e outras entidades representativas de professores nesta mobilização.

Sugerimos também uma discussão aprofundada sobre a remuneração do professor e a limitação do número de alunos em turmas de EaD.

Segue uma agenda provisória para as discussões sobre a função do docente em EaD durante o ano de 2011:

11 a 21/06 – Jovaed – Jornada Virtual ABED de Educação a Distância, que partirá da Carta de João Pessoa com debates em diversas ferramentas, contando com a participação de professores de todo o Brasil.

18 e 19/06 – Seminário Nacional de Educação Superior, que será realizado em São Paulo, organizado pela Contee – Confederação Nacional dos Trabalhadores em Estabelecimento de Ensino, e deve dar andamento ao debate e ao posicionamento dos professores expressos na Carta de Campinas, elaborada durante o Encontro Estadual dos Trabalhadores em Educação do Ensino Superior do Estado de São Paulo, realizado em 01 e 02 de Abril de 2011.

2º semestre/2011 – 1° Seminário Nacional do Direito na EaD, que contará com participação de representantes da OAB, Sinpro, Assembleia Legislativa e Ministério do Trabalho de Minas Gerais, dentre outras entidades, e também debaterá o tema.

30/08 a 02/09 – 17° CIAED – Congresso Internacional ABED de Educação a Distância – quando a ABED pretende entregar este documento (reelaborado durante a Jovaed) a representantes convidados do Ministério da Educação, Ministério do Trabalho, Poder Legislativo (Câmara e Senado), Conselho Nacional da Educação e outras instituições.

11/2011 – Dia Nacional da EaD, em que a ABED pretende debater as conquistas e os posicionamentos por parte das autoridades, avaliando o movimento durante o ano e traçando planos para 2012.

Conclamamos todos os professores a incluírem o tema na pauta de discussões de outros eventos durante o ano, para ampliarmos nossa agenda e caminharmos juntos nos debates, na elaboração de documentos, no posicionamento e nas cobranças. Nesse sentido, este documento pode ser reproduzido livremente.

João Pessoa, 29 de Abril de 2011

Fonte: 8º Senaed – Seminário Nacional ABED de Educação a Distância, João Pessoa, Abril, 2011.

Cabe registrar que encontros de professores e tutores em EaD já haviam sido realizados em anos anteriores, em eventos da ABED, coordenados por Wilson Azevedo e Enilton Rocha. Além disso, no Encontro Estadual dos Trabalhadores em Educação do Ensino Superior do Estado de São Paulo, realizado em 1° e 2 de abril de 2011, em Campinas, o tema foi bastante debatido, e, em agosto de 2011, o Sindicado dos Professores de São Paulo (Sinpro-SP) deve realizar um seminário no qual um dos temas principais será a questão do tutor na EaD. Outras entidades representativas de professores, como o Sinpro-MG e o Sinpro-RS, têm promovido discussões e cobrado posições das autoridades sobre a questão. Esperamos, assim, que o movimento encorpe novas iniciativas nos próximos meses e anos.

No restante deste livro, você lerá a palavra professor referindo-se à atuação dos tutores em EaD. O livro, portanto, parte do princípio de que tutor é professor.

1

Do Fordismo ao Conectivismo: Modelos de EaD

A definição dos contornos do trabalho do professor em Educação a Distância (EaD) depende diretamente do modelo adotado. Modelos mais rígidos acabam limitando de tal maneira o trabalho do professor que ele se transforma em um mero emissor de mensagens motivacionais (com um cronograma já traçado), o que suscita questionar se isso deve ser considerado trabalho docente. Esse tutor-robô não é um professor. De outro lado, modelos mais flexíveis permitem um trabalho docente criativo e construtivo em EaD.

Boa parte dos modelos utilizados no Brasil tende para a rigidez. Bruno e Lemgruber (2009) chamam a atenção para o fato de que os próprios "Referenciais de Qualidade para Cursos a Distância", afirmam que a principal atribuição do tutor é o esclarecimento de dúvidas, o que nos remete a um modelo conteudista, em que a "aula" é dada pelo conteúdo, e o aluno tem que se virar sozinho, ou com o mínimo suporte e interação. O mesmo será notado em vários outros documentos e práticas de EaD no Brasil. Para muitos, a UAB teria nos últimos anos contribuído intensamente para consolidar esse paradigma.

Essa discussão é importante para mostrar que um modelo não é somente um enfeite pedagógico, mas traz em si marcas de suas origens, de seus objetivos e de seus comprometimentos, determinando decisivamente o desenho dos projetos em EaD. Convenço-me cada vez mais de que muitas pessoas que decidem, planejam e elaboram projetos têm apenas um modelo industrial de EaD na cabeça, um modelo de "autonomia" do aluno, e naturalmente não conseguem construir – nem mesmo enxergar – um universo alternativo. E o enxergar aqui é importante: não vemos aquilo que não concebemos, nossa visão é determinada pelo modelo que nos guia. Morin (2002, p. 29) faz uma afirmação ainda mais forte, refletindo sobre o poder das ideologias: "a ideologia não é apenas um instrumento, ela instrumentaliza-nos. Somos possuídos por ela. Somos capazes de agir por ela".

Projetos pedagógicos, portanto, não são atividades totalmente neutras, ao contrário, pressupõem paradigmas, matrizes culturais e históricas que, para Kuhn (1996, p. 145-146), chegam a determinar as ciências e inclusive seus próprios objetos:

> O historiador da ciência que examinar as pesquisas do passado a partir da perspectiva da historiografia contemporânea pode sentir-se tentado a proclamar que, quando mudam os paradigmas, muda com eles o próprio mundo. Guiados por um novo paradigma, os cientistas adotam novos instrumentos e orientam seu olhar em novas direções. E o que é ainda mais importante: durante as revoluções, os cientistas veem coisas novas e diferentes quando, empregando instrumentos familiares, olham para os mesmos pontos já examinados anteriormente. É como se a comunidade profissional tivesse sido subitamente transportada para um novo planeta, onde objetos familiares são vistos sob uma luz diferente e a eles se apegam objetos desconhecidos. Certamente não ocorre nada semelhante: não há transplante geográfico; fora do laboratório os afazeres cotidianos em geral continuam como antes. Não obstante, as mudanças de paradigma realmente levam os cientistas a ver o mundo definido por seus compromissos de pesquisa de uma maneira diferente. Na medida em que seu único acesso a esse mundo dá-se através do que veem e

fazem, poderemos ser tentados a dizer que, após uma revolução, os cientistas reagem a um mundo diferente.

Conforme afirma Behar (2009), na educação ocorreu uma mudança paradigmática de fora para dentro, causada pela introdução das Tecnologias da Informação e da Comunicação (TICs). A discussão específica sobre modelos em EaD serve para gerar reflexão sobre nossas práticas e descortinar novos mundos, orientando-nos para um caminho de mais qualidade e criatividade na educação. Behar (2009, p. 24) conceitua o modelo pedagógico para EaD da seguinte maneira: "um sistema de premissas teóricas que representa, explica e orienta a forma como se aborda o currículo e que se concretiza nas práticas pedagógicas e nas interações professor/aluno/objeto de estudo". Nesse sentido, o modelo não se confundiria nem com o paradigma (que o determinaria) nem com a teoria de aprendizagem (podendo inclusive estar embasado em mais de uma teoria).

Para Behar (2009, p. 25), um modelo seria composto de uma arquitetura pedagógica e de estratégias para sua aplicação. A arquitetura pedagógica, por sua vez, seria composta de:

a) **aspectos organizacionais**: fundamentação do planejamento e da proposta pedagógica, incluindo objetivos de aprendizagem, organização do tempo e do espaço e expectativas em relação ao rendimento dos alunos;
b) **conteúdo**: materiais, objetos de aprendizagem, software e outras ferramentas de aprendizagem;
c) **aspectos metodológicos**: atividades, formas de interação/comunicação e avaliação;
d) **aspectos tecnológicos**: ambiente virtual de aprendizagem, ferramentas de comunicação etc.

Figura I.I Elementos da arquitetura pedagógica.
Fonte: Elaborado com base em Behar (2009, p. 25).

Explorando modelos, Tam (2000) relaciona três elementos: o construtivismo, a construção de ambientes de aprendizagem suportados por tecnologia e a prática da educação a distância. A EaD proporcionaria um contexto precioso para instilar princípios construtivistas, visando à participação motivada, interativa e colaborativa dos alunos em suas experiências de aprendizagem. Tam explora a forma pela qual a combinação entre a teoria construtivista e a tecnologia educacional pode transformar a EaD de um modelo altamente industrializado de produção em massa para um modelo personalizado e customizado. Vejamos um pouco o que são esses modelos industrializado e personalizado.

Para Otto Peters, a EaD, sobretudo nas décadas de 1960 e 1970, possuía características industriais, com divisão de trabalho, economia de escala e processos de produção tipicamente industriais. Com isso, o ensino se tornou mecanizado, padronizado, normatizado, formalizado, otimizado e racionalizado. Passamos a um ensino industrializado, produzido e consumido em massa, através da alienação tanto do docente quanto do discente e da utilização de uma linguagem não contextualizada, para o que contribuiu decisivamente o modelo da Open University inglesa, que, é bom lembrar, serviu de espelho para o modelo de EaD adotado no Brasil. Esse modelo fordista, para Peters, estaria ultrapassado há bastante tempo.

Superando-o, o neofordismo envolve alta inovação no produto e alta variabilidade nos processos, mas ainda com pouca responsabilidade dos empregados. Não são mais produzidos grandes cursos, mas cursos menores que podem ser atualizados constantemente.

O pós-fordismo, por fim, agrega à alta inovação na produção e à alta variabilidade nos processos um alto nível de responsabilidade no trabalho. Os cursos são agora produzidos *on demand* e *just-in-time*. A divisão do trabalho é, no limite, eliminada. Os cursos, dessa maneira, poderiam ser produzidos e adaptados rapidamente, e mais facilmente personalizados. Peters (2001, p. 208) afirma, nesse sentido:

> Isso, por sua vez, obrigaria as universidades a distância a modificarem igualmente seus processos de trabalho. Em lugar do desenvolvimento e produção na base da divisão do trabalho e sob controle central, seriam formados muitos pequenos grupos de trabalho descentralizados, com responsabilidade própria pelo desenvolvimento de suas propostas específicas de ensino, sendo, por isso, dotados de maior autonomia – também para fora. Mas o que é ainda mais importante: as formas clássicas de ensino e aprendizagem no ensino a distância (cursos padronizados, assistência padronizada) deveriam ser substituídas ou complementadas por formas muito flexíveis quanto a currículo, tempo e lugar (variabilidade dos processos). Conceitos como estudo autônomo, trabalho autônomo no ambiente de aprendizagem digital, teleconferência, aconselhamento pessoal intensivo, estudo por contrato e combinação com e a integração de formas do ensino com presença indicam em que direção poderia ir o desenvolvimento. Isso equivaleria a uma revolução.

Peters (2001, p. 213-214) enxerga uma importante mudança de modelos na passagem da EaD fordista para a neo e pós-fordista, em que se modifica radicalmente a função do professor:

> Como a exagerada divisão do trabalho é revogada e se busca a descentralização, as clássicas equipes de desenvolvimento de cursos já não têm mais razão de ser. Em seu lugar são desenvolvidos cursos variáveis e de curta duração por grupos de trabalho em áreas espe-

> cializadas e de trabalho com responsabilidade própria. Os professores universitários integram esses pequenos grupos de trabalho, que passam a ser responsáveis por todas as etapas de seus cursos, não apenas pelo planejamento e o design como também pela produção, distribuição, avaliação e pelo acompanhamento continuado do curso. Para isso também deveriam dominar técnicas de produção na área gráfica e de vídeo, o que, inclusive, é facilitado por modernos meios técnicos [...]. Enquanto que até agora os meios técnicos tendiam a favorecer a divisão do trabalho no ensino, com esses novos meios eletrônicos as operações podem ser novamente reunidas.

Portanto, se no fordismo o professor não produz o material que deve utilizar em suas atividades de ensino, no neo e pós-fordismo o professor é o autor e/ou organizador do material que utiliza como docente. Enquanto o fordismo estaria associado ao behaviorismo, o neofordismo e o pós-fordismo estariam associados ao construtivismo – e diversas teorias dele derivadas. O fordismo em EaD é um sistema formalizado de produção monitorado, mantido e controlado como em uma fábrica; já os modelos posteriores estariam associados à ideia de uma administração descentralizada, democrática e participativa.

Adotamos no Brasil um modelo invertido, em relação à visão de Peters, de ensino pós-moderno a distância. Inauguramos tardiamente nossa Universidade Aberta (que não é nem universidade nem aberta) assumindo um modelo fordista, com ênfase no conteúdo e rebaixamento do trabalho docente, como já discutimos no texto introdutório Tutor é Professor. Daniel e Mackintosh (2003) destacam alguns elementos-chave para o sucesso operacional do modelo das universidades abertas, dentre os quais: suporte individualizado fornecido aos estudantes por professores e professores ativamente envolvidos com pesquisa. Não incorporamos nenhum desses dois princípios na concepção – nem na prática – da nossa Universidade Aberta.

Mesmo com o progresso das tecnologias, muitos modelos de EaD privilegiam ainda o estudo "autônomo" e independente, utilizando pouquíssimas atividades interativas. Voltaremos a refletir sobre isso no próximo capítulo e em outros momentos deste livro, mas cabe já perguntar: Por que isso acontece? Como já foi dito, falta, muitas vezes, em nossos líderes uma visão alternativa aos modelos fordistas em EaD. Exploraremos no restante deste capítulo teorias construtivistas e derivadas, que podem servir de fundamento para esses modelos alternativos.

Novas teorias da aprendizagem

Para explorar esses modelos alternativos, temos de nos fundamentar em teorias da aprendizagem alternativas. Akilli (2007) defende que os modelos de design instrucional (DI), que surgiram antes dos games e das ferramentas de simulação, precisam ser não apenas atualizados, mas totalmente refeitos. O fordismo e o design instrucional tradicional não nos servem mais, e uma base para teorias que deem conta dos novos desafios pode ser encontrada no construtivismo, conforme analisaremos na revisão bibliográfica a seguir.

Construtivismo

Kanuka e Anderson (1999) procuram organizar as teorias de aprendizagem construtivistas, criticando o aspecto sistemático do instrucionismo, que não corresponderia ao modo pelo qual aprendemos. Os educadores devem buscar compreender os reais interesses dos seus alunos e, com base nessas informações, integrar atividades de aprendizagem que tenham relevância real para cada aluno. O instrucionismo nos afasta do pensamento crítico, com sua proposta engessada de seguir modelos de sistemas de ensino, protegendo-nos de enfrentar a complexidade do mundo em que temos de agir, que é problemático, ambíguo e em constante mutação.

Os autores reveem também as teorias construtivistas que mais influenciaram a aprendizagem mediada pela tecnologia, procurando organizá-las em duas dimensões: a compreensão da realidade como objetiva/subjetiva e o design do conhecimento como social/individual. A combinação desses dois eixos gera um *continuum* que inclui: (1) construtivismo cognitivo, (2) construtivismo radical, (3) construtivismo situado e (4) coconstrutivismo. Apesar das diferenças, esses pontos de vista compartilham crenças como: (a) a aprendizagem é ativa, e não passiva, (b) a língua é um elemento importante no processo de aprendizagem e (c) ambientes de aprendizagem devem ser centrados no aluno. O foco da educação, segundo o construtivismo, não seria o conteúdo, mas o processo, por isso os educadores precisam conhecer seus alunos, a fim de organizar esse processo.

As teorias analisadas, a seguir, podem ser consideradas desdobramentos do construtivismo, que servem para fundamentar modelos de EaD alternativos ao fordismo.

Cognição situada

A cognição situada enfatiza a importância do contexto e da interação no processo de construção do conhecimento. *Cognition in practice* (1988) de Jean Lave é geralmente considerada fundadora para a teoria.

Greeno (1989) argumenta que o pensamento está situado em contextos físicos e sociais, de modo que a cognição (incluindo o pensamento, o conhecimento e a aprendizagem) deve ser considerada uma relação em uma situação, e não uma atividade na mente de um indivíduo. Pensar envolve interações construtivas e cognitivas com objetos e situações, e não apenas processos e manipulações de símbolos na mente de indivíduos, como muitos modelos de processamento de informação propõem. O conhecimento é um produto da atividade intelectual individual e social dos alunos, portanto, os professores devem criar contextos sociais para sustentar essa produção.

Brown, Collins e Duguid (1989) argumentam que o conhecimento, a aprendizagem e a cognição são fundamentalmente situados em atividades, contextos, culturas e situações. O conhecimento indexa a situação em que surge e na qual é utilizado, sendo a aprendizagem um processo de aculturação, apoiado na interação social. Representações decorrentes de atividades não podem ser facilmente substituídas por descrições: problemas não surgem apenas nos livros, logo, métodos de aprendizagem devem ser incorporados a situações autênticas. Como alternativa às práticas convencionais de ensino, os autores propõem a "aprendizagem cognitiva" (*cognitive apprenticeship*), que procura aculturar os alunos nas práticas autênticas pela atividade e pela interação social, como na aprendizagem de um ofício.

A tradução de *apprenticeship* por aprendizagem não abarca o sentido proposto pelos autores em inglês, que remete à relação entre o mestre e o aprendiz. O aprendizado de um ofício permite que os aprendizes adquiram e desenvolvam as ferramentas e habilidades de seu ofício pelo trabalho e pela participação autênticos, entrando assim na cultura da prática. Portanto, o termo *apprenticeship* procura enfatizar a importância da atividade no aprendizado e no conhecimento, destacando sua natureza inerentemente dependente do contexto, situada e aculturadora. E *apprenticeship* sugere também o paradigma da modelagem situada e *coaching*, em que os professores ou *coaches* promovem o aprendizado, em primeiro lugar, tornando explícito seu conhecimento tácito ou modelando suas estratégias para os estudantes em atividade autênticas; em seguida, professores e colegas apoiam as tentativas dos alunos em realizar a tarefa; e, finalmente, eles energizam os alunos para prosseguir independentemente.

Em suma, a *cognitive apprenticeship* procura promover o aprendizado pela interação social colaborativa e pela construção de conhecimento social, envolvendo atividades, ferramentas e cultura. Para Brown, Collins e Duguid (1989, p. 41), uma nova epistemologia poderia trazer a chave para um aperfeiçoamento radical na aprendizagem e uma perspectiva totalmente nova na educação:

Por séculos, a epistemologia que guiou a prática educacional concentrou-se primordialmente em representações conceituais e tornou sua relação com os objetos no mundo problemática, ao assumir que, cognitivamente, a representação é prévia a todo o resto. Uma teoria da cognição situada sugere que a atividade e a percepção são prévias, em importância e epistemologicamente – em um nível não conceitual –, à conceitualização, e que é nelas que mais atenção deve ser focada. Uma epistemologia que começa com atividade e percepção, que são antes e principalmente incorporadas ao mundo, pode simplesmente superar o problema clássico da referência – da mediação de representações conceituais.

Clancey (1994) argumenta que o mundo não é dado com formas objetivas e pré-representadas, mas, ao contrário, o que percebemos como propriedades e eventos é construído no contexto da atividade. Formas de representação são significadas e construídas em um processo perceptivo que envolve a interação com o ambiente e a criação de informação. O autor estuda a forma pela qual processos interpessoais, gestuais e materiais alteram nossa atenção, afetando o que é percebido e o que é representado. A memória humana não é simplesmente um lugar onde são armazenadas descrições linguísticas: estas são criadas e significadas, influenciando o comportamento em função de interações. Ao equiparar o conhecimento humano com descrições, simplificamos ao extremo os complexos processos de coordenação da percepção e da ação, objetivando o que é um processo interativo e subjetivo. Clancey propõe uma mudança do ponto de vista individualista de modelos linguísticos, que tomam o que se passa dentro da cabeça de uma pessoa como o *locus* de controle, para interações entre pessoas e processos internos e externos. O design instrucional, baseado na natureza construtiva da aprendizagem, deve levar em conta esses aspectos interpessoais, materiais e gestuais da percepção. Nesse sentido, a cognição situada forneceria novas perspectivas para se conceber a educação a distância.

Wilson e Myers (2000), em seu artigo, exploram a cognição e a aprendizagem situadas (SitCog, em inglês *situated cognition*). SitCog significa não apenas aprendizagem concreta, mas também a rede de sistemas sociais e atividades em que a prática autêntica se desenvolve. Enquanto a teoria de processamento simbólico foca os mecanismos neurais e as representações simbólicas da mente, a SitCog foca as estruturas do mundo e como elas determinam e guiam o comportamento. O conhecimento, a aprendizagem e a cognição são construções sociais, expressas em ações de pessoas que interagem em comunidades. O artigo ressalta que o campo de estudo é vasto e variado, incluindo: (1) perspectivas sociais, culturais e históricas baseadas em Vygotsky (como os antropólogos Jean Lave e Lucy Suchman), com interesse na construção cultural do significado; e (2) cientistas cognitivos (como Allan Collins, John Seeley, Norman Don e William Clancey) interessados na cognição nos níveis individual e social, baseados em teorias de inteligência artificial, psicologia e linguística. A característica geral da cognição situada é o posicionamento da cognição individual em um contexto físico e social mais amplo de interações, ferramentas e significados culturalmente construídos, já que a construção do significado é uma atividade social. O design deve então ser visto mais como interação e menos como planejamento racional, e as teorias de design devem ser escolhidas em função da situação de aprendizagem. Ou seja, o design instrucional clássico poderia servir a algumas situações específicas, mas não poderia ser utilizado como modelo geral para EaD.

Uma abordagem mais teórica é desenvolvida por Hung, Looi e Koh (2004), na qual eles revisitam os fundamentos da cognição situada relacionando-os à obra do filósofo alemão Martin Heidegger e ao interesse em comunidades de prática.

Teoria da atividade

A teoria da atividade enfatiza a importância da ação por parte do aluno durante o processo de aprendizagem. A aprendizagem é considerada um processo de construção ativa, inseparável do fazer, não uma recepção passiva do conhecimento.

Jonassen e Land (2000) exploram o uso da teoria da atividade para o design de ambientes de aprendizagem centrados no aluno. Eles definem filosoficamente a teoria da atividade com base em Immanuel Kant e Georg Hegel, Karl Marx e os russos Lev Vygotsky, Alexander Luria e Alexei Leont'ev. A atividade e a aprendizagem consciente são dinamicamente inter-relacionadas e não podem ser separadas. Portanto, seria importante examinar os sistemas de atividade (estruturas de atividades em seus ambientes socioculturais e sócio-históricos) como parte do processo de design instrucional. Esses sistemas são compostos de indivíduos, ferramentas, objetos e divisão de trabalho, comunidades e regras, todos envolvidos em interações mútuas. No processo de design, os conceitos, as regras e as teorias que não estivessem associados com a ação não teriam sentido. Não haveria sentido, portanto, em simplesmente fatiar o conteúdo ou decompor o conhecimento fora de contexto, como proposto por vários modelos de design instrucional.

Aprendizagem experiencial

A aprendizagem experiencial enfatiza a importância da experiência na aprendizagem. Dois textos de Kolb – o livro *Experiential learning* (1984) e o capítulo "The process of experiential" (1993) – são geralmente apontados como referência para o conceito.

Hansen (2000, p. 30) explora como os mundos discursivos e não discursivos misturam-se na educação, propondo um equilíbrio entre o conhecimento factual e prático, com a agregação da experiência como um ingrediente central. E conclui:

> Tornar a experiência um elemento central no currículo escolar mudaria dramaticamente a elaboração de currículos. Os resultados da aprendizagem seriam provavelmente mais difíceis de articular. Seu atingimento pelos alunos seria menos controlado e menos controlável. De um lado, no contexto de aumentar a responsabilidade do professor, reduzir seu controle em uma base ampla do sistema

poderia ser uma receita para a desordem ou mesmo o caos. De outro lado, interesses sobre e dentro da infraestrutura escolar estão clamando por maior relevância no currículo, para o que um currículo experiencial poderia ser a resposta.

Em outras palavras, estamos necessariamente forçados a abandonar a segurança e rigidez do fordismo para experimentar novos modelos em EaD.

Aprendizagem ancorada

Para o Cognition and Technology Group at Vanderbilt – CTGV (1990), que cunhou a expressão, a aprendizagem ancorada está relacionada à cognição situada, à aprendizagem autêntica (que trataremos no tópico a seguir) e à aprendizagem experiencial. A instrução ancorada toma como referencial teórico e empírico dois conceitos: (a) o problema do conhecimento inerte de Alfred Whitehead (*The aims of education and other essays*, (1929); em português, *Os objectivos da educação e outros ensaios*) – o conhecimento que normalmente pode ser lembrado quando as pessoas são explicitamente questionadas, mas não é utilizado de forma espontânea na resolução de problemas, mesmo que seja relevante; e (b) o conceito do conhecimento como uma ferramenta de John Dewey (*How we think*, (1933); em português, *Como pensamos*).

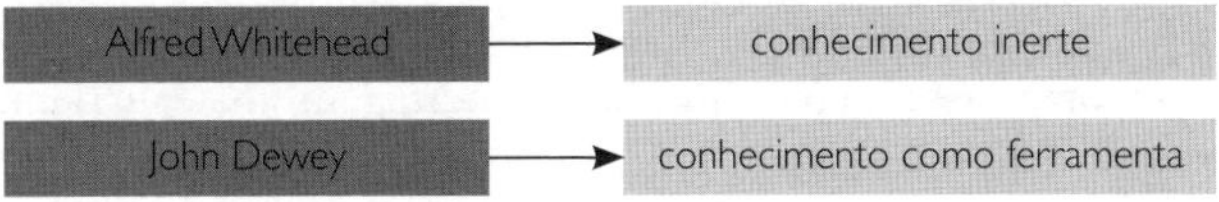

Figura 1.2 Fundamentos teóricos da instrução ancorada.

Fonte: Elaborado com base nos conceitos que fundamentam a instrução ancorada CTGV (1990).

A instrução ancorada visa superar o problema do conhecimento tácito pela imersão: como os novatos não foram imersos no fenômeno a ser investigado, são incapazes de experimentar os efeitos das novas informações por sua própria percepção e compreensão. O

CTGV ancora a instrução em ambientes para resolução de problemas complexos, chamados de macrocontextos, que permitem a exploração de um problema por longo período de tempo e várias perspectivas, servindo como ambientes de aprendizagem cooperativa e mediação dirigida pelo professor. Conceitos que exploram as relações entre instrução ancorada e cognição situada incluem a aprendizagem (*apprenticeship*) cognitiva e tarefas autênticas (BROWN; COLLINS; DUGUID, 1989), com a sugestão de transformar o ensino escolar em aprendizagem de ofícios (*apprenticeships*). As âncoras devem proporcionar oportunidades para a descoberta guiada pelo professor. O CTGV (1993) revisitou o conceito e outros artigos foram posteriormente publicados, bem como o livro *The Jasper Project: lessons in curriculum, instruction, assessment, and professional development* (CTGV, 1997).

Young e Kulikowich (1992) definem instrução ancorada como ensinar por situações. Várias referências sobre os benefícios do ensino em um contexto complexo e realista são apresentadas: *The aims of education and other essays* (WHITEHEAD, 1929), *Experience and education* (DEWEY, 1938), *Cognition in practice* (LAVE, 1988) e novamente o conceito de aprendizagem (*apprenticeship*) cognitiva (BROWN; COLLINS; DUGUID, 1989). A cognição situada afirma que não apenas o aprendizado, mas também todo o pensamento é situado (CLANCEY, 1994; GREENO, 1989). A aprendizagem situada é analisada pelos autores a partir de uma perspectiva ecológica, com o desenvolvimento da ideia de avaliação ancorada. O objetivo final da aprendizagem situada é definido como transferência entre situações.

Shih, Shyu e Chen (1997) avaliam a transferência de aprendizagem na aprendizagem ancorada como estratégias de abstração de conhecimento, nas quais o conhecimento é descontextualizado da situação de aprendizagem.

Aprendizagem autêntica

A aprendizagem autêntica enfatiza que os contextos de aprendizagem deveriam ser os mais autênticos possíveis, de maneira que suporte a transferência do conhecimento da educação formal para a prática. Pode-se dizer que não se trata de uma teoria separada, mas um princípio geral presente nas outras teorias estudadas. Como Maina (2004, p. 7) afirma, a aprendizagem autêntica "envolve aumentar a motivação e o entusiasmo, ajudando os alunos a tomar decisões sobre sua aprendizagem, identificar formas não tradicionais pelas quais a aprendizagem é aperfeiçoada e se responsabilizar por tal aprendizagem".

Herrington, Reeves e Oliver (2006, p. 93-94) propõem dez princípios de design para o desenvolvimento e a avaliação de atividades de aprendizagem on-line autênticas, que estariam fundamentados na teoria da aprendizagem situada:

1. Atividades autênticas têm **relevância no mundo real**. As atividades equiparam-se o máximo possível com tarefas do mundo real de profissionais em prática, em vez de tarefas descontextualizadas ou baseadas em sala de aula.
2. Atividades autênticas **não são totalmente definidas**, exigindo que os alunos definam as tarefas e as subtarefas necessárias para completar a atividade. Os problemas inerentes à atividade são pouco definidos e abertos a múltiplas interpretações, em vez de facilmente solucionados pela aplicação de algoritmos existentes.
3. Atividades autênticas compreendem tarefas complexas a serem investigadas pelos alunos em um **período contínuo de tempo**. As atividades são completadas em dias, semanas e meses, em vez de minutos ou horas, requerendo investimento significativo de tempo e recursos intelectuais.
4. Atividades autênticas oferecem aos alunos a oportunidade de avaliar uma tarefa de **diferentes perspectivas**, utilizando uma **variedade de recursos**. A tarefa permite aos alunos a oportunidade de examinar o problema de uma variedade de perspectivas teóricas e práticas, em vez de uma perspectiva singular que os alunos devem imitar para ter sucesso. O uso de uma variedade de recursos no lugar de um número limitado de referências pré-selecionadas requer que os alunos diferenciem a informação relevante da irrelevante.

5. Atividades autênticas oferecem a oportunidade para **colaborar**. A colaboração é integral para a tarefa, tanto no curso quanto no mundo real, em vez de ser cumprida por um aluno individual.
6. Atividades autênticas oferecem a oportunidade para **refletir**. As atividades precisam permitir que os alunos façam escolhas e reflitam sobre seu aprendizado tanto individual quanto social.
7. Atividades autênticas podem ser integradas e aplicadas em **diferentes áreas** e levar para além de resultados restritos a um domínio. As atividades permitem perspectivas interdisciplinares e possibilitam papéis e *expertises* diversos, em vez de um campo ou domínio individual bem definido.
8. Atividades autênticas estão naturalmente **integradas com avaliação**. A avaliação das atividades está naturalmente integrada com a tarefa principal de maneira que reflita a avaliação do mundo real, em vez de uma avaliação artificial separada, removida da natureza da tarefa.
9. Atividades autênticas criam **produtos polidos** com seu próprio valor, em vez de uma preparação para outra coisa. As atividades culminam na criação de um produto completo, e não de um exercício ou subetapa na preparação para alguma outra coisa.
10. Atividades autênticas permitem **soluções concorrentes** e uma **diversidade de resultados**. As atividades permitem uma variedade e diversidade de resultados abertos a múltiplas soluções de uma natureza original, em vez de uma resposta correta singular obtida pela aplicação de regras e procedimentos.

Conectivismo

Embora alguns autores argumentem que o conectivismo não deva ser considerado uma nova teoria da aprendizagem (VERHAGEN, 2006; KERR, 2007; KOP; HILL, 2008; BELL, 2011), é possível posicioná-lo como o desenvolvimento do construtivismo para o atual cenário do uso da tecnologia na educação, funcionando assim como uma filosofia para uma EaD alternativa ao fordismo.

Siemens (2005) discute as limitações do behaviorismo, cognitivismo e construtivismo como teorias de aprendizagem, porque eles não abordam a aprendizagem que ocorre fora das pessoas (ou seja, a aprendizagem que é armazenada e manipulada pela tecnologia) e dentro das organizações. O conectivismo ou aprendizado distribuído é proposto como uma teoria mais adequada para a era digital, quando a ação é necessária sem aprendizado pessoal, utilizando informações fora do nosso conhecimento primário. As teorias da aprendizagem devem ser ajustadas em um momento que o conhecimento não é mais adquirido de maneira linear, a tecnologia realiza muitas das operações cognitivas anteriormente desempenhadas pelos aprendizes (armazenamento e recuperação da informação) e em muitos momentos o desempenho é necessário na ausência de uma compreensão completa. Aprender não é mais um processo que está inteiramente sob o controle do indivíduo, uma atividade interna, individualista: está também fora de nós, dentro de outras pessoas, em uma organização ou em um banco de dados, e essas conexões externas, que potencializam o que podemos aprender, são mais importantes que nosso estado atual de conhecimento.

A cognição e a aprendizagem são distribuídas não apenas entre pessoas, mas também entre artefatos, já que podemos descarregar trabalho cognitivo em dispositivos que são mais eficientes que os próprios seres humanos na realização de tarefas. Bell e Winn (2000) exploram não apenas o modo pelo qual isso ocorre naturalmente na aprendizagem, mas também como pode ser utilizado como uma estratégia de ensino, para o design de ambientes de aprendizagem distribuídos. Nessa direção, Siemens (2008) constrói quatro metáforas para o educador: master artista, administrador de rede, concierge e curador.

Siemens (2011) critica também o conceito de autonomia, base para os modelos de EaD conteudistas e fordistas, como já vimos:

> O aprendizado autodirecionado explica os atributos dos aprendizes que aprendem em seu próprio ritmo e interesse. Isso é suficiente para descrever nossas necessidades de conhecimento hoje?

> Creio que não. [...] Quando confrontados com o aprendizado em ambientes complexos, precisamos mais de algo como um aprendizado direcionado pela rede (*network-directed learning*) – aprendizado que é formado, influenciado e direcionado de acordo com o modo pelo qual estamos conectados aos outros. Em vez de criar significados no isolamento, baseamo-nos em redes sociais, tecnológicas e informacionais para direcionar nossas atividades.

Assim, Siemens concebe aprendizes direcionados por redes, não autodirecionados. As redes sociais serviriam para filtrar e amplificar conceitos importantes e ampliar a diversidade de visões sobre tópicos controversos. É importante ainda ressaltar que a necessidade de construção de conhecimento e aprendizado direcionado por redes é fundamental em muitas carreiras hoje.

Três gerações de pedagogia da EaD

Anderson e Dron (2011) apontam três gerações de pedagogia da EaD: behaviorismo-cognitivismo, socioconstrutivismo e conectivismo. Para os autores, as três pedagogias coexistem hoje, e a EaD deveria explorar todas com eficiência em função do conteúdo, do contexto e das necessidades de aprendizagem.

A pedagogia **behaviorista** consolidou-se na segunda metade do século XX, com destaque para Edward Watson, John Thorndike e Burrhus F. Skinner. Suas ideias impulsionaram o desenvolvimento do design instrucional e do Instructional System Design (ISD) e foram bastante usadas em treinamento, em que os objetivos de aprendizagem são, em geral, claramente mensuráveis e demonstráveis comportamentalmente.

Da tradição behaviorista emergiu a teoria **cognitivista**, a partir do final da década de 1950, cujos modelos se baseavam nas funções e nas operações do cérebro e no modo pelo qual os modelos computacionais eram utilizados para descrever e testar a aprendizagem e o pensamento. Embora a aprendizagem ainda fosse concebida como um processo individual, seu estudo se expandiu de um foco exclusivo no comportamento para mudanças no conhecimento ou na capacidade de armazenamento e recuperação na memória individual.

O *locus* de controle nos modelos behavioristas-cognitivistas é o professor ou o designer instrucional. É importante notar que esses modelos adquiriram proeminência em EaD quando havia limitadas tecnologias disponíveis que permitissem a comunicação de muitos para muitos. Eles enfatizam a importância de utilizar um modelo de ISD para o qual os objetivos de aprendizagem são claramente identificáveis e declaráveis. O foco é a aprendizagem individual, com liberdade para o aluno seguir seu ritmo e com a presença da docência praticamente reduzida à produção de conteúdo e avaliação. Esse modelo pode ser ampliado em larga escala com custos baixos, o que é demonstrado pelo sucesso das megauniversidades a distância.

A pedagogia **socioconstrutivista** da EaD, baseada em Jean Piaget, sobretudo em Vygotsky e Dewey, desenvolveu-se em conjunção com as tecnologias de comunicação de duas mãos, que possibilitaram, em vez de transmitir informações, propiciar oportunidades para interações entre alunos e professores.

O *locus* de controle no sistema socioconstrutivista sai do professor, que se torna mais um guia que um instrutor, assumindo o papel essencial de desenhar as atividades de aprendizagem e a estrutura em que essas atividades ocorrem. Interações humanas, entretanto, são mais caras do que os modelos behavioristas-cognitivistas de EaD, o que colocaria um desafio econômico para sua utilização em larga escala.

A interação social é uma característica definidora das pedagogias construtivistas, com a importância da presença docente: "As pedagogias construtivistas de EaD moveram a aprendizagem a distância para além do tipo estreito de transmissão de conhecimento que podia ser encapsulado facilmente em mídia, pela utilização de aprendizagem síncrona e assíncrona, baseada em comunicações humanas" (ANDERSON; DRON, 2011).

Assim, as ricas interações aluno-aluno e professor-aluno, que estudaremos no próximo capítulo, podem ser vistas como uma "era pós-industrial" da EaD, ou seja, pós-fordista.

Por fim, a pedagogia **conectivista** de EaD teria surgido recentemente, na era das redes, em que há grande quantidade disponível de informações, sendo então o papel do aprendiz não de memorizar ou mesmo entender tudo, mas de ter a capacidade de encontrar e aplicar o conhecimento onde e quando necessário. O conectivismo assume que muito do processamento mental e resolução de problemas pode e deve ser descarregado em máquinas.

Assim, a interação em EaD move-se para além das consultas individuais com o professor (pedagogia behaviorista-cognitivista) e das interações em grupos e limites dos AVAs (pedagogia construtivista). A presença cognitiva é enriquecida pelas interações periféricas e emergentes nas redes, em que ex-alunos, profissionais e outros professores são capazes de observar, comentar e contribuir com o aprendizado conectivista. A presença cognitiva conectivista é ampliada, com o foco na reflexão e na distribuição dessas reflexões em blogs, posts no Twitter e Webcasts multimídias.

Ao contrário da aprendizagem em grupo, em que a presença social é muitas vezes criada pela expectativa e pela participação em atividades limitadas aos prazos institucionais, a presença social em redes tende a variar como a ascensão e queda de interesse. As atividades dos alunos são refletidas em suas contribuições em wikis, Twitter, discussões de texto e voz, e outras ferramentas de rede. Além disso, a presença social é mantida e promovida através dos comentários, contribuições e insights dos estudantes que participaram de cursos anteriores. A aprendizagem conectivista é assim reforçada pelo conhecimento e sinais deixados pelos outros enquanto navegam por atividades de aprendizagem, como referências e caminhos para o conhecimento que novos usuários podem seguir.

Como na aprendizagem construtivista, a presença do ensino no conectivismo é criada pela construção de caminhos de aprendizagem e pelo design e suporte a interações, de tal forma que os alunos fazem conexões com recursos de conhecimento existentes e novos. Ao contrário de pedagogias anteriores, o professor não é o único responsável pela definição, pela geração ou pela atribuição de conteúdo. Em vez disso, os alunos e os professores colaboram para criar o conteúdo do estudo e no processo recriam esse conteúdo para uso futuro por outros, incluindo os alunos ensinando aos professores e uns aos outros. No espaço conectivista, a estrutura está desigualmente distribuída e é em geral emergente, com essa emergência raramente levando a uma estrutura que seja otimamente eficiente para atingir objetivos de aprendizagem.

Em resumo, para Anderson e Dron (2011) os modelos behavioristas-cognitivistas são mais notadamente teorias de ensino, enquanto os modelos socioconstrutivistas são mais notadamente teorias de aprendizagem, mas ambos ainda se traduzem adequadamente em métodos e processos de ensino. Os modelos conectivistas, por sua vez, seriam mais distintamente teorias do conhecimento, o que torna difícil sua tradução em formas de aprender e, ainda mais difícil, em formas de ensinar.

Modelos pedagógicos behavioristas-cognitivistas surgiram em um ambiente tecnológico que restringia a comunicação para a pré-Web, em modos um para um e um para muitos; o socioconstrutivismo floresceu na Web 1.0, no contexto tecnológico muitos para muitos; e o conectivismo é pelo menos em parte um produto de um mundo Web 2.0, em rede. Nosso desafio seria então combinar adequadamente modelos pedagógicos e tecnologias em EaD.

A Figura 1.3 a seguir procura agrupar os principais conceitos relacionados neste capítulo a cada modelo.

Uma das tentativas de se ampliar o modelo conectivista para larga escala são os Massive Open Online Courses (MMOCs; em português, Cursos Abertos On-line Massivos), que têm sido, por exemplo, explorados por George Siemens.

Figura 1.3 Gerações de pedagogia da EaD.

Fonte: Elaborado com base em Anderson e Don (2011) e em outras ideias desenvolvidas neste capítulo.

2

Interação e Interatividade[1]

Segundo Maturana e Varela (2001, p. 189), "toda interação, todo acoplamento, interfere no funcionamento do sistema nervoso, por causa das mudanças estruturais que nele desencadeia. Toda experiência é modificadora, em especial em relação a nós, embora às vezes as mudanças não sejam completamente visíveis".

Terminologia

Apesar da aparente simplicidade, interação e interatividade são conceitos complexos, especialmente em educação. A complexidade é ainda maior em EaD, já que diversos agentes interagem de diferentes maneiras, utilizando inúmeras ferramentas e com expectativas e objetivos bastante distintos. Para complicar ainda mais, com o progresso constante da tecnologia, novas formas de interação são criadas a todo momento, obrigando-nos a revisitar o conceito com frequência.

---

[1] Este capítulo faz uma releitura e atualização de MATTAR, J. Interatividade e aprendizagem. In: LITTO, F.; FORMICA, M. (Org.). *Educação a Distância:* o estado da arte. São Paulo: Pearson Education do Brasil, 2009. p. 112-120.

A palavra interatividade é recente na história das línguas. Surge nas décadas de 1960 e 1970 com as artes, os críticos das mídias de massa e as novas Tecnologias da Informação e da Comunicação (TICs), passando a ser largamente utilizada pela informática. Silva (2006b, cap. 2) estuda a origem do termo na França, a partir da década de 1970, até seus usos mais recentes. Em inglês, *interactivity* surge também como um neologismo, na mesma época.

Outro termo do mesmo campo semântico tem origem mais remota: interação. No sentido em que a utilizamos hoje, a palavra não existia ainda no latim, mas *interaction* aparece também como um neologismo, em 1832, no *Oxford english dictionary*, e em francês, em 1867. Primo (2007) cobre a história de algumas de suas definições, em diversas áreas. A palavra interação é, portanto, utilizada há bem mais tempo que interatividade e em diversas ciências.

Entretanto, mesmo com datas de nascimento tão distantes, os dois conceitos são muitas vezes utilizados como sinônimos. Prova é que, apesar do registro dos dois substantivos, há apenas um adjetivo na língua. Quando ocorre interação ou quando ocorre interatividade, usamos o mesmo adjetivo: interativo. Nosso *Houaiss* registra na primeira acepção o adjetivo "interativo" como "relativo a interação", e o substantivo "interatividade" como "qualidade de interativo".

A confusão conceitual está, então, armada. Alguns autores utilizam os dois termos indiscriminadamente, trocando um pelo outro sem diferenciar seus significados, enquanto outros procuram construir definições precisas e distintas para cada um dos conceitos. Alguns autores criticam, inclusive, o uso do termo interatividade, aceitando apenas o sentido de interação, enquanto, para outros, a interatividade é um dos fenômenos mais importantes da modernidade, que estaria provocando uma revolução na educação.

Wagner (1994; 1997) faz uma distinção clássica entre os dois conceitos. A interação envolveria o comportamento e as trocas entre indivíduos e grupos que se influenciam, nos casos em que há eventos recíprocos que requerem pelo menos dois objetos e duas ações. Já a interatividade envolveria os atributos da tecnologia contemporânea utilizada na EaD, que permite conexões em tempo real. Ou seja, a interação estaria associada às pessoas, enquanto a interatividade, à tecnologia e aos canais de comunicação.

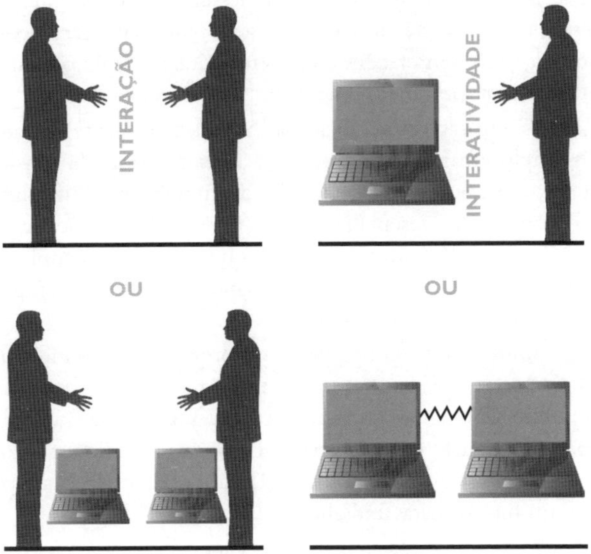

Figura 2.1 Interação *versus* Interatividade.
Fonte: Figura elaborada com base em Wagner (1994; 1997).

Lemos (2000), por sua vez, considera que a interatividade seria uma nova maneira de relação do ser humano com as máquinas, eletrônico-digital, distinta da interação (social) e mesmo de outro tipo de interatividade, analógico-mecânica, característica das mídias mais antigas.

Na língua portuguesa, temos um exemplo muito interessante desse debate. Silva (2006b), autor do clássico *Sala de aula interativa*, defende que o conceito de interatividade representa o espírito de um novo tempo, uma revolução na comunicação. Interatividade apontaria para o imprevisível e seria um conceito mais aberto que o de interação. Primo (2007), de outro lado, autor de *Interação mediada por computador*, afirma que não sabe o que é interatividade e rejeita o conceito, preferindo falar apenas de interação em seus escritos. Para ele, não interessa a simples interação com a máquina, mas as interações entre seres humanos, que podem ser mediadas por computadores.

Pode-se caracterizar, inclusive, um debate contemporâneo mais amplo em relação à noção de interatividade: de um lado, aqueles que criticam a dominação do homem pela máquina e pelo mercado (representada, por exemplo, pela posição de Jean Baudrillard), e, de outro lado, aqueles que veem na tecnologia a realização da liberdade dos seres humanos (como, por exemplo, o Webiluminismo de Pierre Lévy).

A confusão se agrava ainda mais porque a palavra interatividade é muitas vezes utilizada por mero modismo, e banalizada. Em publicidade e marketing, funciona como argumento de venda para ressaltar as potencialidades das novas tecnologias. Nosso tempo é marcado por uma indústria da interatividade, que promete um futuro maravilhosamente interativo.

Por tudo isso, pode-se dizer que, para o professor em EaD, o conceito de interatividade é fragmentado e inconsistente, desconstruindo-se facilmente quando examinado mais de perto, segundo afirma Rose (1999). Como tem sido utilizado para se referir a atividades e objetos muito distintos (como programas de televisão, computadores, softwares, brinquedos, videogames, realidade virtual, tv digital, casas etc.), esse uso excessivamente elástico acaba tornando o conceito impreciso e confuso. Tanto que boa parte da literatura sobre interatividade em educação, especialmente em EaD, começa com um exercício de filosofia da linguagem.

Não é o objetivo deste capítulo resolver essa querela conceitual, mesmo porque a tendência é que ela se perpetue e seja periodicamente retomada, em função das constantes novidades nas TICs. Interação e interatividade serão utilizadas aqui, *a priori*, sem distinções, mas sempre que essas distinções aparecerem nos autores mencionados no texto e forem significativas serão indicadas. Nosso objetivo aqui, portanto, é analisar como a interatividade e a interação se relacionam com a aprendizagem e como esses conceitos são discutidos (e praticados) em EaD.

Pedagogias da interação

Tanto a epistemologia genética de Piaget quanto o socioconstrutivismo de Vygotsky, apesar de suas diferenças, são considerados teorias interacionistas. Ambas defendem que é através de interações que os seres humanos se desenvolvem e aprendem.

O conceito de Zona de Desenvolvimento Proximal (ZDP), de Vygotsky, é interessante nesse sentido. A ZDP define justamente o espaço entre o que o aluno pode aprender sozinho e aonde ele pode chegar através de interações. Ou seja, o que caracteriza a ZDP, a diferença entre o nível de desenvolvimento real e potencial, é justamente o papel desempenhado pela interação, que pode ocorrer tanto com professores como com colegas mais experientes.

Freire (1982) defende também a importância da interação na educação. Inicialmente, ele denuncia a educação bancária: um modelo de educação que implica a memorização mecânica de conteúdos, transformando os educandos em "vasilhas", recipientes que deveriam ser "enchidos" pelo educador. A educação, assim, torna-se um ato de depositar, transferir e transmitir conhecimentos, no qual os alunos devem simplesmente receber, repetir, memorizar, guardar e arquivar conteúdos. A essa concepção bancária de educação, antidialógica por natureza, Freire contrapõe a educação humanista e problematizadora, que pressupõe o diálogo. Nessa perspectiva, a interação é necessária para a concretização da aprendizagem.

O modelo criticado por Freire, entretanto, caiu como uma luva em muitos projetos de EaD, tanto que Godoy (2007) percebeu muito bem o poder profético da metáfora de Freire ao cunhar a expressão Educação Bancária a Distância (EBaD). Fazer educação bancária ficou muito mais fácil com a Internet, assim como ficou mais fácil fazer depósitos e transações bancárias. A EBaD seria justamente a transferência desse modelo de educação bancária para a EaD. Em vez de dialógica, interativa e problematizadora, a EaD é pensada como depósito de conhecimentos, transferência do professor para o aluno. A EBaD seria, portanto, antidialógica, como a educação bancária de que fala Freire.

Níveis de interatividade

Uma interessante maneira de abordar a questão da interatividade em EaD é avaliar os níveis de interatividade de diferentes atividades realizadas em um curso. Sims (1997) faz uma revisão das teorias dos níveis de interatividade, que vão de níveis mais reativos (em que o aluno possui pouco controle sobre o conteúdo e a estrutura do curso) a níveis mais proativos (em que o aluno tem maior controle tanto sobre a estrutura quanto sobre o conteúdo).

Considerando, entretanto, que essas teorias representam ainda uma abordagem behaviorista, Sims (1997) propõe e exemplifica uma série de conceitos que podem ser utilizados na avaliação da produção de material multimídia para educação:

a) interatividade de **objetos**: botões, pessoas, coisas, que, quando clicados, oferecem algum tipo de resposta audiovisual;
b) interatividade **linear**: a possibilidade de o usuário mudar (para frente ou para trás) páginas digitais ou outras sequências no material instrucional;

c) interatividade de **suporte**: de simples mensagens de ajuda a complexos tutoriais;
d) interatividade de **atualização**: envolve um diálogo entre o aprendiz e o conteúdo gerado pelo computador, em que as respostas do aprendiz a problemas são levadas em consideração pelo programa para produzir atualizações ou feedbacks individualizados;
e) interatividade de **construção**: extensão da anterior, em que o aprendiz é solicitado a manipular objetos para atingir objetivos específicos;
f) interatividade **refletida**: em lugar de simples mensagens de "certo" ou "errado", respostas de outras pessoas (incluindo textos, especialistas e outros usuários) são mostradas para que o aprendiz possa refletir sobre a precisão e correção da sua;
g) interatividade de **simulação**: ligada à interatividade de construção, em que o usuário pode escolher parâmetros para simular um objeto ou situação, funcionando como controlador ou operador, e suas seleções individuais determinam a sequência do material;
h) interatividade de **hiperlinks**: em que o usuário pode navegar por uma diversidade de informações, através de links sugeridos;
i) interatividade **contextual não imersiva**: reúne os níveis anteriores em um ambiente virtual bastante rico, que imita o mundo real e no qual o aprendiz tem um papel ativo;
j) interatividade **virtual imersiva**: característica dos mundos virtuais.

Tipos de Interatividade	Características
Objetos	Resposta audiovisual a cliques
Linear	Ir para frente ou para trás
Suporte	Ajuda e tutoriais
Atualização	Atualizações ou feedbacks individualizados
Construção	Manipulação de objetos
Refletida	Respostas de outras pessoas
Simulação	Simulação de objetos ou situações
Hiperlinks	Navegação por hiperlinks
Contextual não imersiva	Reunião dos níveis anteriores
Virtual Imersiva	Mundos virtuais

Figura 2.2 Tipos de interatividade.
Fonte: Elaborado com base em Sims (1997).

Num artigo mais recente, Sims (2006) propõe métricas para avaliar de que maneira interações podem ajudar a atingir os objetivos de aprendizagem de um curso e envolver os aprendizes:

a) **estilos de aprendizagem**: implementar estratégias e recursos que possibilitem a aplicação de diferentes preferências de aprendizagem por parte do aprendiz;
b) **completar o curso**: apenas se determinadas atividades forem realizadas corretamente pelo usuário. Os conteúdos não precisam ser idênticos, ou seja, o curso pode ter uma diversidade de caminhos pelos quais o aprendiz possa navegar. Sims propõe um design construído com uma sequência baseada

em narrativa, de maneira que a finalização do curso seja em si mesma uma indicação de sucesso e maestria. Avaliações estão assim incorporadas à narrativa e às atividades do curso.

c) **atividade cognitiva**: que mantenha o usuário ativamente engajado, o que pode incluir testes de hipóteses, construção de soluções, ajuste de variáveis e introdução ou modificação de conteúdo no ambiente. Uma estratégia útil para rever aplicações interativas com essa métrica seria, a cada *display*, perguntar: "o que o aprendiz está fazendo aqui?".
d) **papéis**: os usuários podem ser encarados como atores imersos em um ambiente, trabalhando com um script e que podem ensaiar, improvisar com os colegas e trocar de papel a qualquer momento, inclusive com professores e designers;
e) **efeitos audiovisuais**: avaliados em relação à sua função em cada momento do curso, de maneira que auxilie (e não prejudique) o envolvimento do aluno com a narrativa.
f) **feedback**: adequado e individualizado, como atividades de autoavaliação críticas e reflexivas;
g) **design para o aprendizado**: integrando todos esses elementos com o conteúdo, a interface e a estratégia do curso.

Isso envolve, segundo Sims (2006, p. 5), uma redefinição dos modelos correntes de design e desenvolvimento, centrando o foco no aprendiz:

> Em geral, enxergamos os papéis associados com design centrados em conteúdo ou instituições – designers instrucionais, administradores de projetos, artistas gráficos e especialista em redes. Mas onde estão os designers para aprendizado ou os arquitetos da interação? Onde estão os especialistas em ambientes colaborativos? Operamos em um contexto colaborativo centrado no aprendiz, mas nossos modelos de design são ainda baseados em paradigmas presenciais e centrados no professor. Se desejamos atingir o potencial e os benefícios plenos que um ambiente on-line permite, precisamos repensar as filosofias e as práticas que trazemos para o ambiente de design.

Sala de aula interativa e pedagogia do Parangolé

O livro *Sala de aula interativa*, de Marco Silva, já pode ser considerado um clássico na reflexão sobre interatividade em língua portuguesa. Silva (2006b, p. 11) diferencia da seguinte maneira a comunicação de massa da interativa:

> Na modalidade comunicacional massiva (rádio, cinema, imprensa e tv), a mensagem é fechada uma vez que a recepção está separada da produção. O emissor é um *contador de histórias* que atrai o receptor de maneira mais ou menos sedutora e/ou impositora para o seu universo mental, seu imaginário, sua récita. Quanto ao receptor, seu estatuto nessa *interação* limita-se à assimilação passiva ou inquieta, mas sempre como recepção separada da emissão. Na modalidade comunicacional interativa permitida pelas novas tecnologias informáticas, há uma mudança significativa na natureza da mensagem, no papel do emissor e no estatuto do receptor. A mensagem torna-se modificável na medida em que responde às solicitações daquele que a consulta, que a explora, que a manipula. Quanto ao emissor, este assemelha-se ao próprio *designer* de *software* interativo: ele constrói uma rede (não uma rota) e define um conjunto de territórios a explorar; ele não oferece uma história a ouvir, mas um conjunto de territórios abertos a navegações e dispostos a interferências e modificações, vindas da parte do receptor. Este, por sua vez, torna-se "utilizador", "usuário" que manipula a mensagem como coautor, cocriador, verdadeiro conceptor.

O professor pode modificar a tradição do falar/ditar, disponibilizando múltiplas aberturas (abrir "janelas") à participação-intervenção dos alunos; disponibilizando múltiplas aberturas à bidirecionalidade (rompendo assim com o espaço de transmissão unidirecional), viabilizando a coautoria e a comunicação conjunta da emissão e da recepção e disponibilizando múltiplas redes de conexões nos tratamentos dos conteúdos curriculares, significando não linearidade, roteiros de exploração originais, combinações livres e criação de narrativas possíveis (SILVA, 2006b).

Com imagens tão bonitas quanto as elaboradas por Silva, Murray (1998) explora a atuação do interator (*interactor*) em histórias digitais. Na narrativa eletrônica, o autor é como um coreógrafo que fornece o ritmo, o contexto e o conjunto de passos que serão dados. O interator, seja um navegador, seja um protagonista, seja um explorador, seja um construtor, faz uso desse repertório de passos e ritmos possíveis para improvisar uma dança particular entre muitas danças possíveis que o autor permitiu. Poderíamos talvez dizer que o interator é o autor de uma performance particular no sistema de história eletrônico, ou o arquiteto de uma parte particular do mundo virtual.

Na mesma direção, Solomon e Schrum (2007) refletem sobre uma geração acostumada com a personalização, dando então várias sugestões para o design de cursos on-line: deixar os alunos escolherem seus métodos de apresentação, aonde querem ir para achar a informação, com que estilo desejam aprender, salas personalizadas (em que os alunos possam encontrar e utilizar as ferramentas que desejam) e professores personalizáveis (que possam oferecer a cada aluno aquilo que ele precisa para ter sucesso).

Silva (2006b, p. 86-87) analisa outros critérios para a classificação de graus de interatividade. De Francis Kretz, apresenta a gradação:

1. **grau zero**: livros, rádio e televisão, que permitem leituras lineares, com opção apenas de interatividade de acesso, ou não lineares;
2. **linear**: mídias que permitem avanços e retrocessos no percurso do conteúdo;
3. **arborescente**: menus;
4. **linguística**: acessos por palavras-chave, formulário etc.;
5. **criação**: o usuário pode compor mensagens;
6. **comando contínuo**: usuário pode modificar os objetos.

De Holtz-Bonneau, Silva (2006b) aproveita também a diferença entre interatividade de seleção e de intervenção sobre o conteúdo. Outra diferenciação interessante se dá entre a interatividade funcional (característica do meio) e a interatividade intencional (planejada no design instrucional do curso). O computador, por exemplo, pode não ser usado interativamente, enquanto o vídeo, uma mídia menos interativa, pode. A sala de aula pode ser interativa sem ter tecnologias hipertextuais: a sala de aula infopobre pode ser rica em interatividade, enquanto a sala de aula inforrica pode ser pobre em interatividade.

Silva (2006b) propõe, em suas reflexões, três binômios como fundamentos para o conceito de interatividade que desenvolve: (a) participação-intervenção, (b) bidirecionalidade-hibridação e (c) potencialidade-permutabilidade. Vale a pena comentar cada um deles:

a) **Participação-intervenção**

Segundo Silva (2006b, p. 109), a modalidade interativa de comunicação promove uma alteração no esquema clássico da comunicação. A mensagem é agora manipulável, o que embaralha os papéis de emissor e receptor:

> Na teoria clássica a mensagem é um conteúdo informacional fechado e intocável, uma vez que sua natureza é fundada na *performance* da emissão e da transmissão sem distorções. Na comunicação interativa se reconhece o caráter múltiplo, complexo, sensorial e participativo do receptor, o que implica conceber a informação como manipulável, como "intervenção permanente sobre os dados".

Para isso, o suporte informacional tem que ser flexível e deve permitir a intervenção do usuário. Baseando-se em *Les paradis informationnels* (Marie Marchand), Silva (2006b) explica as alterações que ocorrem com o emissor, a mensagem e o receptor na transição da lógica da distribuição para a lógica da comunicação:

a1) **O emissor muda de papel**

Seu objetivo é agora construir um sistema, e não mais emitir uma mensagem. "Construir um conjunto no qual são previstos os encaixes, as passarelas, as vias de circulação, em função de caminhos lógicos elementares e de um dispositivo de sinalização e de referência" (SILVA, 2006b, p. 110). Seu papel é mais o de um arquiteto de territórios a explorar que de um contador de histórias.

a2) **A mensagem muda de natureza**

O que define um documento interativo é a maneira de ser consultado. "Não é mais um mundo fechado, paralisado, imutável, um objeto intocável, sagrado. Ela se torna um mundo aberto, em mudança. Outrora acabada, a mensagem se torna modificável, na medida em que ela responde às solicitações daquele que a consulta" (SILVA, 2006b, p. 111). A mensagem rígida torna-se flexível.

a3) **O receptor muda de status**

O utilizador (ou passeador) organiza seu passeio como quiser, intervindo quando desejar. Em muitas situações, ele assume também o papel de criador da própria mensagem que está explorando.

b) **Bidirecionalidade-hibridação**

É justamente a bidirecionalidade que fundamenta o trabalho de coautoria, característico da nova lógica da comunicação. Silva usa o exemplo do parangolé de Hélio Oiticica (que teria as mesmas características da arte digital): capas, estandartes e tendas, que deveriam ser "vestidos", "empenhados" ou "penetrados" pelos "espectadores", para só então se configurarem como obras de arte, ou de antiarte, como queria Oiticica. Assim, é possível falar de uma pedagogia do parangolé, em que o professor propõe elementos para a manipulação do aluno, um campo de possibilidades. Silva revisita ainda o conceito de obra aberta de Umberto Eco e conceitua *hibridação* como essa tendência da nova lógica da comunicação de dissolver fronteiras.

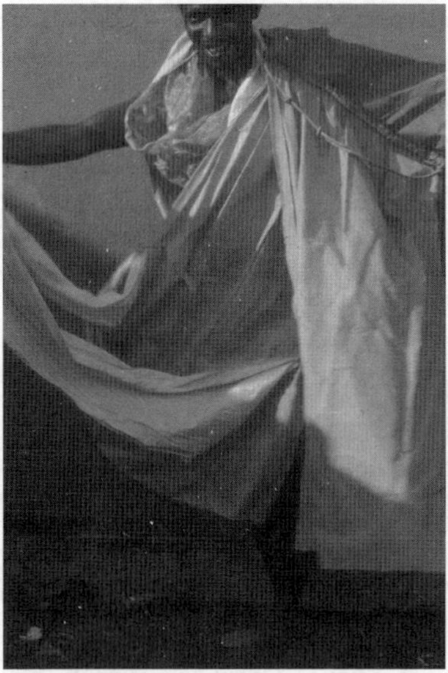

Fonte: Nildo da Mangueira com Parangolé P4 Capa 1, 1964. Foto Andreas Valentin. Cortesia : Projeto Hélio Oiticica.

c) **Potencialidade-permutabilidade**

Indica maior liberdade, característica da fruição da mensagem na nova lógica da comunicação. A potencialidade aponta para a produção de caminhos possíveis, enquanto a permutabilidade aponta para as possibilidades de combinação.

E assim Silva (2006b, p. 158) reflete sobre esses novos fundamentos da interatividade:

> O emissor pressupõe a participação-intervenção do receptor: participar é muito mais que responder "sim" ou "não", é muito mais que escolher uma opção dada; participar é modificar, é interferir na mensagem.
>
> Comunicar pressupõe recursão da emissão e recepção: a comunicação é produção conjunta da emissão e da recepção; o emissor é receptor em potencial e o receptor é emissor em potencial; os dois polos codificam e decodificam.

> O emissor disponibiliza a possibilidade de múltiplas redes articulatórias: não propõe uma mensagem fechada, ao contrário, oferece informações em redes de conexões permitindo ao receptor ampla liberdade de associações e de significações.

Silva ainda dá sugestões para uma pedagogia interativa: liberdade, diversidade, diálogo, cooperação, cocriação e projetos de trabalho. Assim, para o autor, a interatividade envolve tanto uma modalidade de comunicação como uma modalidade de aprendizagem.

Interação com computador

Outra reflexão de fôlego sobre a ideia de interação: *Interação mediada por computador*, de Alex Primo (2007). Segundo o autor, a fórmula:

emissor → emissor → meio → receptor

teria mudado para:

Webdesigner → site → internet ← usuário

Agora o usuário não seria apenas o receptor de informações, mas poderia buscar as informações na Internet. Contudo, segundo Primo, essa nova fórmula não deixa ainda de ser um depósito; não há muita diferença entre o receptor e o usuário – ele recebe ainda o que o emissor produziu.

Analisando a euforia em relação à interatividade possibilitada pelo programa Flash, Primo (2007, p. 145) reflete que a interação precisa ir além da atividade de apontar e clicar:

> [...] com frequência as discussões sobre "interatividade" não conseguem ir além do que a Teoria da Informação postulava ainda nos anos 40. Sendo assim, não se consegue ultrapassar o mero tecnicismo e vislumbrar a complexidade das interações mútuas mediadas por computador, como por exemplo as paixões que emergem nos *chats*, as acaloradas discussões nas videoconferências e listas de dis-

cussões e os relacionamentos que são construídos através dos programas de mensagens instantâneas.

Para Primo, a relação do homem com a máquina nunca é de um diálogo, como ocorre entre os seres humanos; as reações do computador a um click não caracterizam um diálogo. A interatividade deve ser considerada um processo, não uma característica do meio ou capacidade do canal. Primo (2007, p. 228-229) desenvolve então dois conceitos essenciais em sua reflexão, interações mútuas e reativas:

> Na interação *mútua*, os interagentes reúnem-se em torno de contínuas problematizações. As soluções inventadas são apenas momentâneas, podendo participar de futuras problematizações. A própria relação entre os interagentes é um problema que motiva uma constante negociação. Cada ação expressa tem um impacto recursivo sobre a relação e sobre o comportamento dos interagentes. Isto é, o relacionamento entre os participantes vai definindo-se ao mesmo tempo em que acontecem os eventos interativos (nunca isentos dos impactos contextuais e relações de poder). Devido a essa dinâmica, e em virtude dos sucessivos desequilíbrios que impulsionam a transformação do sistema, a interação mútua é um constante vir a ser, que se atualiza através das ações de um interagente em relação à(s) do(s) outro(s), ou seja, não é mera somatória de ações individuais.
>
> As *interações reativas*, por sua vez, são marcadas por predeterminações que condicionam as trocas. Diferentemente das interações mútuas (cuja característica sistêmica de equifinalidade se apresenta), as reativas precisam estabelecer-se segundo determinam as condições iniciais (relações potenciais de estímulo-resposta impostas por pelo menos um dos envolvidos na interação) – se forem ultrapassadas, o sistema interativo pode ser bruscamente interrompido. Por percorrerem trilhas previsíveis, uma mesma troca reativa pode ser repetida à exaustão (mesmo que os contextos tenham variado).

Assim, Primo prefere utilizar o termo interagente em lugar de usuário, e interação mediada por computador em lugar de interatividade, já que lhe interessa comparar a interação mediada por computador com a comunicação humana. Interessa ao autor o que passa entre os interagentes, sem que o foco recaia exclusivamente sobre a produção, recepção ou canal. É possível, portanto, ao falar de interatividade, pensar na interação homem/máquina (selecionar e comandar processos e percursos), mas é essencial também pensar a interação dialógica (chats, e-mails etc., síncronas e assíncronas). O próprio Primo reconhece que é salutar imaginar a combinação entre interações mútuas e reativas no mesmo sistema.

Interação em EaD

Até aqui falamos de interação e interatividade em geral, relacionando em alguns momentos esses conceitos com os universos da educação. Mas existe uma tradição já constituída e muito rica de discussões sobre interação especificamente em EaD.

O pontapé inicial foi dado por Moore (1989), que aborda as relações entre alunos, professores e conteúdo em EaD através de três tipos de interação: aluno/professor, aluno/aluno e aluno/conteúdo. Nesse artigo está baseada boa parte da discussão que se seguiu sobre interação em EaD.

Hillman, Willis e Gunawardena (1994) adicionam a interação aluno/interface. Soo e Bonk (1998) acrescentam a interação do aluno com ele próprio (*learner-self*). Sutton (2001) introduz a ideia da interação vicária. Anderson (2003a, 2003b) amplia a perspectiva de Moore, incluindo mais três tipos de interação: professor/professor, professor/conteúdo e conteúdo/conteúdo (Figura 2.3).

Há obviamente muitos outros autores que trabalharam com essas categorias e que inclusive incluíram outras. Vejamos, no tópico a seguir, o sentido de cada uma delas.

Tipos de interação

Aluno/professor

A interação com o professor, síncrona ou assíncrona, fornece motivação e feedback aos alunos, auxiliando no seu aprendizado.

Tipos de interação	Autores
Aluno/professor	Moore (1989)
Aluno/aluno	Moore (1989)
Aluno/conteúdo	Moore (1989)
Aluno/interface	Hillman, Willis e Gunawardena (1994)
Aluno com ele mesmo (ou autointeração)	Soo e Bonk (1998)
Vicária	Sutton (2001)
Professor/professor	Anderson (2003)
Professor/conteúdo	Anderson (2003)
Conteúdo/conteúdo	Anderson (2003)

Figura 2.3 Tipos de interação.

Yacci (2000, p. 3) ressalta a importância do feedback para a interação, e, sem o que ela chama de *loop* interativo, não se concretizaria a interatividade: "Estruturalmente, a interatividade é um circuito de mensagens que flui de uma entidade originadora a uma entidade-alvo, e então retorna à entidade originadora." Portanto, o retorno seria uma condição necessária para a interação. Uma pergunta do professor respondida pelo aluno não chega a ser interativa, pois não houve o feedback. Assim, a interatividade deve sempre ser analisada em EaD do ponto de vista do aluno.

Da mesma forma, Yacci (2000, p. 10) chama a atenção para os efeitos negativos da demora do feedback por parte dos professores: "em geral, os alunos não terão mais interesse em ler o que o professor escreveu, pois há um *timing* certo ou máximo para a resposta, depois do qual a interação não se completa. Quando o feedback demora muito, normalmente o objetivo original da mensagem já foi esquecido pelo aluno".

É importante notar que o custo da interação professor/aluno cresce proporcionalmente ao número de alunos, ou seja, ela não é convidativa para os modelos de EaD que se preocupam antes com o lucro do que com a educação.

Aluno/conteúdo

Em cursos a distância, o aluno interage com a informação e as ideias que encontra no material de estudo. Com as tecnologias modernas e particularmente a Internet, é possível desenvolver conteúdo e objetos de aprendizagem de diversas formas: som, texto, imagens, vídeo e realidade virtual. O aluno pode interagir com o conteúdo de diversas maneiras: navegando e explorando, selecionando, controlando, construindo, respondendo etc. O aluno pode hoje também criar seu ambiente pessoal de aprendizagem, customizar o conteúdo com o qual deseja interagir e inclusive contribuir para o aperfeiçoamento do material utilizado nos cursos. Discutiremos isso em outro capítulo do livro.

Aluno/aluno

A interação aluno/aluno, que pode ocorrer síncrona e assincronamente, caracteriza o que se denomina aprendizado colaborativo e cooperativo, que envolve o aspecto social da educação e que Berge (1999) chama de interação interpessoal. Ela gera motivação e atenção enquanto os alunos aguardam o feedback dos colegas, diminuindo a sensação de isolamento do estudo a distância. Essa interação também desenvolve o senso crítico e a capacidade de trabalhar em equipe, ajudando a criar a sensação de pertencimento a uma comunidade. Um recurso dos ambientes virtuais de aprendizagem (AVAs) interessante nesse sentido é a possibilidade de os próprios alunos avaliarem as atividades e contribuições dos colegas. Tudo isso, é claro, contribui para o aprendizado.

Os alunos podem interagir entre si de diversas maneiras: grupos de discussão, apresentações dos próprios alunos, relatórios sobre trabalhos em desenvolvimento, que podem ser comentados e avaliados por outros alunos, estudo e trabalhos desenvolvidos em grupo, orientação de alunos mais experientes para os menos experientes, entre outras estratégias.

É importante notar que esse tipo de interação, nos cursos on-line, pode ser bastante distinto do tipo de interação que ocorre entre alunos em cursos presenciais. Muitas vezes, o que pode ocorrer é que alunos que participam pouco das discussões presenciais acabam participando intensamente de discussões on-line, e vice-versa.

Cabe ressaltar o importante papel que o professor deve desempenhar na organização e na sustentação do aprendizado por pares. Dividir os alunos em grupos não significa automaticamente que eles colaborarão. Diversas variáveis devem ser levadas em consideração no design das interações entre os alunos: tamanho dos grupos, composição, objetivos, papéis, responsabilidades, ferramentas, avaliação etc. (HIRUMI, 2006).

Professor/professor

As redes têm possibilitado oportunidades sem precedentes de interação entre professores, que encontram nos colegas fontes de assistência e insights pedagógicos, constituindo assim comunidades físicas e virtuais. Esse tipo de interação pode ocorrer a distância em congressos e seminários, ou mesmo informalmente.

Professor/conteúdo

O desenvolvimento e a aplicação de conteúdo por professores (e não por autores que nunca chegam a interagir com nenhum dos atores que temos avaliado em EaD) têm se tornado elementos essenciais em EaD. Objetos de aprendizagem podem ser desenvolvidos por professores que, assim, desempenham um papel primordial no design educacional (DE) dos cursos. A tendência é que os sistemas para produção de conteúdo tornem-se cada vez mais amigáveis, diminuindo o tempo e o esforço para o trabalho de produção dos professores.

O professor de EaD pode também interagir com o conteúdo dos cursos de diversas maneiras, comentando-o, sugerindo fontes de consulta, propondo atividades, adicionando recursos e mesmo modificando o currículo e o próprio material do curso. Isso será abordado no próximo capítulo.

Conteúdo/conteúdo

Alguns programas são hoje semiautônomos, proativos e adaptativos, utilizando recursos de inteligência artificial. Esses aplicativos podem recuperar informações, operar outros programas, tomar decisões e monitorar recursos na rede. Como exemplo, um programa pode atualizar automaticamente as referências sobre determinado tema, durante um curso, mantendo uma bibliografia dinâmica.

Leitores de feeds e RSSs, por exemplo, podem ser utilizados por alunos e professores de maneira bastante criativa em EaD.

Aluno/interface

Hillman, Willis e Gunawardena (1994) adicionaram às três categorias de interação inicialmente propostas por Moore uma quarta: a interação entre o aluno e a interface, que se justificaria pelo desenvolvimento das tecnologias utilizadas na mediação em EaD. Nesse sentido, é essencial que o design educacional utilize estratégias para facilitar a aquisição das habilidades necessárias para os alunos participarem adequadamente de cursos a distância. A interação aluno/interface, portanto, dá conta das interações que ocorrem entre o aluno e a tecnologia, já que o aluno precisa utilizá-la para interagir com o conteúdo, o professor e os outros alunos.

Metros e Hedberg (2002) propõem um interessante modelo para modificar e criar interfaces gráficas em educação on-line.

Eles chamam a atenção para diferentes aspectos da interface que influenciam na aprendizagem e no design de interações, como usabilidade, funcionalidade, comunicação e estética. A interface deveria ser atrativa, desafiadora e envolvente. Nesse sentido, muitas ferramentas de autoria limitariam a criatividade dos designers e mesmo dos professores, não permitindo que a interface seja desenhada muito além dos templates oferecidos.

Autointeração

Chamada de interação intrapessoal (BERGE, 1999) ou interação *learner-self* (SOO; BONK, 1998; HIRUMI, 2002; 2006), a ideia de autointeração enfatiza a importância da conversa do aluno consigo mesmo, durante o envolvimento com o conteúdo do aprendizado. Incluiria, portanto, as reflexões do aluno sobre o conteúdo e o próprio processo de aprendizagem, ou seja, operações metacognitivas. Atividades de síntese, como preparar um resumo para uma prova, em que o aluno revê suas notas e seus conhecimentos sobre um tópico, seriam exemplos de autointeração.

Para alimentar adequadamente essa conversa didática, o designer pode se utilizar de recursos visuais para direcionar a atenção do aluno para conteúdos educacionais importantes e ativar conhecimentos prévios dos alunos, como, por exemplo, através de analogias e resumos. Clark e Lyons (2004) expõem essas estratégias em detalhes.

Interação vicária

A interação vicária é uma interação silenciosa, em que o aluno observa as discussões e os debates, sem deles participar ativamente. Segundo Sutton (2001), características sociais e psicológicas dos alunos muitas vezes acabam por inibir sua interação direta em cursos a distância. Para esses alunos, observar e processar interações podem ser o tipo de aprendizado mais adequado. A interação vicária ocorre, portanto, quando um aluno observa e processa ativamente os dois lados de uma interação direta entre dois outros alunos, ou entre um aluno e o professor. Embora aparentemente passivo, esse método pode contribuir significativamente para o aprendizado, já que, nessa atividade mental, o aluno estrutura, processa e absorve o conteúdo do curso. Assim, é possível falar em interagente vicário e em processo de aprendizado vicário.

Para Sutton, se esse tipo de interação é reconhecido, ensinado e ativamente perseguido, esse aluno pode alcançar graus de aprendizado próximos do aprendizado alcançado pelos alunos mais extrovertidos.

Outros tipos de interação

Outros autores trabalham com outras categorias, como aluno/designer (HEDBERG; SIMS, 2001), aluno/ferramentas (HIRUMI, 2006) e aluno/*stakeholders*. É possível ainda lembrar a interação entre o aluno e as equipes de suporte e os monitores.

Uma crítica que se costuma fazer a esse tipo de abordagem sobre interação, iniciada com Michael Moore, é que esses modelos em geral enfatizam o "quem" da interação, deixando de lado o "quê", ou seja, eles se concentram nas entidades que interagem em vez de definir a natureza dessas interações. Portanto, como alternativa à indicação de quais são os agentes que interagem em EaD, surgiram modelos que procuram definir os objetivos, os resultados ou outros elementos característicos da interatividade.

Wagner (1997) propôs uma classificação das interações possíveis em educação em função não dos agentes envolvidos, mas dos objetivos pretendidos. A interação pode ter diferentes objetivos, como participação, comunicação, feedback, elaboração, controle/autorregulação, motivação, negociação, constituição de grupos, descoberta, exploração, clarificação e fechamento.

Mayes (2006) propõe pensar a interação em três esferas: (a) com conceitos – em que o conhecimento preexistente do aluno interage com os materiais de aprendizagem, ou seja, com novas informações, o que pode ocorrer em diferentes mídias e de diferentes maneiras; (b) com atividades – na construção de conhecimentos; e (c) com pessoas – no diálogo com colegas e com o professor.

Burnham e Walden (1997) observam a interação aluno/ambiente (*learner-environment interaction*): "uma ação recíproca ou influência mútua entre o aluno e seu entorno que ajuda ou prejudica o aprendizado".

Gilbert e Moore (1998) falam de uma interatividade social, que incluiria aspectos da comunicação como linguagem corporal, troca de informações pessoais e motivação do aluno. Ou seja, em vez de se centrar apenas na interatividade instrucional, a relação entre o aluno e os objetivos instrucionais, seria importante levar em consideração também o contexto social.

Esse contexto para além da sala de aula, segundo Gibson (1998), pode incluir a família, o trabalho, os amigos e inclusive instituições como o governo, a mídia de massa, os grupos religiosos, ou seja, as interações com a cultura num sentido amplo.

Hirumi (2002) fala também da interação aluno/ambiente (*learner/environment*), que envolveria os contatos com elementos externos ao ambiente de aprendizagem, e aluno/outro (*learner/other*), que envolveria as fontes externas, que não fazem parte do curso on-line.

O grau das interações também varia em função das mídias utilizadas, como texto, áudio, vídeo, teleconferência etc., síncronas ou assíncronas, mais ou menos colaborativas, o que trataremos em outros capítulos deste livro. A combinação planejada entre essas diferentes formas de interação é um desafio para a EaD. Todos esses tipos de interação podem ocorrer síncrona e assincronamente, através de diversos gêneros de comunicação. Interações síncronas envolvem um grau de espontaneidade que não é fácil de encontrar nas interações assíncronas, as quais, entretanto, oferecem mais flexibilidade para o aluno, já que podem ocorrer em qualquer lugar e horário.

Interação com o ambiente de aprendizagem: mundos virtuais 3D e games

Além da noção de interação aluno/interface (HILLMAN; WILLIS; GUNAWARDENA, 1994), não identificamos na literatura uma preocupação consistente em relação à interação aluno/professor/conteúdo com outra variável essencial: o ambiente de aprendizagem. O crescente uso de mundos virtuais 3D em educação trouxe à tona a discussão sobre a interação com esse novo cenário para a EaD.

Jakobsson (2003) parte do conceito de "realismo virtual" para discutir construções e espaços virtuais. Como se dá a interação com avatares e em/com ambientes virtuais? O texto introduz o interessante conceito de *interacture* (interatura) como um princípio de design de mundos virtuais: uma mistura de interação, função e estrutura ao se pensar nesses ambientes.

Mattar e Valente (2007) defendem que as recentes experiências pedagógicas realizadas em mundos virtuais chamam a atenção para a importância do "espaço de aprendizagem", o que foi, em geral, ignorado pela literatura sobre interação e interatividade. A possibilidade de criar locais de aprendizagem mais lúdicos e ricos nesse percurso, em várias dimensões, provoca nos alunos uma interação mais intensa e prazerosa com seus colegas, com o professor, com o conteúdo e principalmente com os objetos e o próprio ambiente. O grau de envolvimento e imersão dos alunos com o conteúdo dos cursos, os colegas e o próprio professor, em um ambiente de realidade virtual 3D como o Second Life (SL), não parece ser facilmente reproduzível nos ambientes de aprendizagem tradicionais.

No Brasil, uma referência na área é o Grupo de Pesquisa Educação Digital – GP e-du Unisinos/CNPq, liderado pela professora Eliane Schlemmer, que vem desenvolvendo inúmeras pesquisas com o uso de mundos virtuais em educação. Uma delas é a importante investigação realizada por Pires (2010), que conclui que, ao contrário da telepresença que seria um mero deslocamento da voz e/ou da imagem, a criação de identidades digitais virtuais no Second Life faz que o usuário se sinta envolvido em uma experiência imersiva e interativa mais rica, propiciada pela sensação de ser o avatar e pertencer ao ambiente. O estar junto virtual síncrono e a possibilidade de expressar a corporalidade e criar identidades digitais virtuais por meio de avatares aumentam o sentimento de presença e de pertencimento, contribuindo para a superação do paradigma da distância e da falta de presença física na educação on-line.

Cabe ainda lembrar o uso de games em educação. Enquanto a interação em muitos cursos de EaD está baseada nas atividades de apontar e clicar, o uso de games possibilita um nível mais profundo e intenso de interatividade. Videogames conseguem prender a atenção dos seus usuários de uma maneira que não conseguimos na educação tradicional. Um gamer, em geral, se encontra num estado de fluxo, de concentração ou completa absorção com a atividade ou a situação com que está envolvido, de motivação e imersão total no que está fazendo.

Lehto (2009) afirma que o que define um game é a necessidade de participação – se a interatividade é removida, ele deixa de ser um game. Games são "escritos" pelo jogador, não lidos. Um game é um sistema dinâmico explorável e que, ao mesmo tempo, de alguma maneira é também construído pelas escolhas livres do jogador. O usuário está, ao mesmo tempo, participando da construção do ambiente e percebendo o que ocorre ao seu redor. Um game pressupõe interação (com os colegas) e/ou interatividade (com os próprios elementos do game), ou seja, a sua exploração não pode se constituir numa "visita guiada, pré-planejada ou pré-enlatada", mas deve incluir a possibilidade de construção do caminho pelo próprio usuário, liberdade, inclusive certo grau de incerteza, que garantam a imersão do jogador. Essa interação e interatividade devem servir de inspiração para o design de experiências e cursos em EaD.

Um dos desafios do design educacional é, portanto, tornar o aprendizado prazeroso e interativo, como os videogames. Mattar (2009) estuda, em detalhes, a teoria e a prática do uso de games em educação.

Voltaremos a tratar de mundos virtuais e games em outros capítulos deste livro.

A receita da interação

Mishra e Juwah (2006) apontam vários estudos que concluem que a interação é o elemento-chave na educação, que um nível elevado de interação resulta em atitudes mais positivas, que a interação leva a um grau elevado de realização, que a interação desempenha um papel fundamental no aprendizado, na retenção e nas percepções gerais do aluno em relação à eficácia do curso e do professor e que ambientes interativos são propícios para a aprendizagem e satisfação do aluno.

Hedberg e Sims (2001) afirmam que, para a produção de ambientes de aprendizagem inovadores e interativos, novos métodos para diálogo e design são necessários. Como designers instrucionais, somos tipicamente ensinados a seguir um processo sistemático que desconstrói o design de tarefas em uma série de passos. Enquanto esses modelos focam a tarefa de aprendizagem, no caso de ambientes interativos o importante para criar motivação e envolvimento é como o aluno realizará a tarefa com as ferramentas e funcionalidades embutidas no software. Para planejar "encontros", os autores sugerem considerar o papel do aluno como um ator na interação, o que já vimos nas propostas de Marco Silva e Janet Murray.

Um dos desafios para os cursos de EaD é atingir um equilíbrio adequado entre estudo independente e atividades interativas, inclusive do ponto de vista financeiro. Cursos a distância expositivos e sem interação podem ser batizados, como já vimos, de EBaD. Entretanto, como também vimos, interação em EaD não é sinônimo apenas de interação professor/aluno. Há diversos tipos de interação (por exemplo, aluno/aluno) e interatividade, assim como diversas tecnologias que podem ser utilizadas, que não envolvem necessariamente custos elevados. Cada mídia tem características interativas próprias e custos específicos, o que deve ser levado em consideração no planejamento da interação em cursos de EaD.

Pode-se então pensar em algo como uma multi-interação, no sentido de que várias podem ser as interações simultâneas em um curso de EaD. Interatividade (no sentido mais restrito ou reativo) e interação (no sentido mais amplo ou social) podem ser combinadas com sucesso em EaD.

Como defende Hirumi (2006), faz-se necessário sintetizar e relacionar a literatura sobre interação, oferecendo orientações práticas para o design de interações.

Não é, de qualquer maneira, automático o vínculo entre EaD e interatividade. A interatividade não ocorre sozinha – precisa ser planejada, o que implica investimentos, tempo e principalmente treinamento. Para Silva (2006b, p. 75-76), é preciso pensar em professores formados adequada e continuadamente e, num nível mais amplo, também em currículos mais criativos e flexíveis, bem como, num nível ainda mais amplo, em uma nova forma de gestão das instituições de ensino:

> Criar a possibilidade da sala de aula interativa significa modificar a gestão das instituições de ensino, todo um sistema de ensino, e não apenas o que acontece em uma sala de aula. Superar o modelo fordista em EaD. Um sistema em que impera a alienação do professor em relação ao produto e processo de trabalho, e do aluno em relação ao conteúdo e ao método de aprendizagem. Aqui está o maior impedimento à interatividade.

3

Docência em EaD

Do ponto de vista pedagógico e de condições de trabalho, a situação do tutor em muitos projetos de EaD no Brasil é trágica quando comparada à do professor presencial. Em geral, o tutor recebe o conteúdo pronto (desenvolvido pelo professor-autor ou conteudista), incluindo as atividades a serem realizadas pelos alunos e um calendário com as datas dos avisos "motivacionais" que deve enviar aos alunos, "motivando-os" sobre a liberação de conteúdos ou, principalmente, a aproximação dos prazos para a entrega de atividades (desenvolvidas pelo designer instrucional).

Pesce (2007) afirma que temos um cenário em que formadores e formandos interagem a partir de um script de autoria alheia. Suas palavras podem ser tomadas como um eufemismo. Na verdade, não chegamos a ter formadores e formandos aqui, mas um tutor amordaçado (e mal remunerado) e alunos que respondem a testes de múltipla escolha para passar na disciplina, sem nenhuma contextualização para o aprendizado. Contudo, é possível desconstruir ainda mais profundamente a metáfora do teatro, porque não há propriamente um script para atores: estes normalmente têm liberdade para interpretar, improvisar, criar e desempenhar seus papéis, e, no caso desses modelos de EaD, o tutor não tem liberdade nenhuma. O tutor não é um ator na EaD fordista, conteudista e behaviorista: é uma marionete, um robô.

Temos neste livro sugerido um trabalho do tutor que vai muito além da simples atuação como emissor de avisos motivacionais para os alunos, ou mesmo como um monitor para tirar dúvidas. Concebemos a atuação do tutor como a de um professor, transportado agora para um novo cenário em que tem que conviver com novos personagens e realizar novas atividades, como afirmam Bruno e Lemgruber (2009, p. 2):

> Esse cenário implica em que o professor assuma múltiplas funções, se integre a uma equipe multidisciplinar e assuma-se como: formador, conceptor ou realizador de cursos e de materiais didáticos, pesquisador, mediador, orientador e, nesta concepção, assumir-se como recurso do aprendente.

Neste capítulo, exploraremos brevemente a atuação do professor de EaD em três atividades a princípio distintas: autoria de material didático para EaD, design educacional (DE) e produção de material didático, além da atuação mais característica de professor. Entretanto, apesar de estas serem talvez as mais importantes e comuns, não são de maneira alguma as únicas atividades com as quais o professor de EaD pode contribuir, ou mesmo que pode desempenhar, parcial ou totalmente.

Nesse percurso, lidaremos com algumas metáforas como a do **aututor** (MATTAR;VALENTE, 2007, grifo nosso), o autor/designer/professor dos seus próprios cursos, ou o **Lone Ranger** (ANDERSON, 2003b, p. 137-138 grifo nosso), um professor que assume funções que antes eram desempenhadas por designers instrucionais:

> Ferramentas mais simples para a criação de conteúdo, de simples pacotes para apresentações e ilustrações a ambientes de autoria complexos, permitem que os professores criem mais diretamente conteúdo do que em épocas anteriores, quando os *designers* gráficos e os programadores desempenhavam boa parte desse trabalho. Embora muitos tenham defendido a superioridade pedagógica e

administrativa do conteúdo produzido por equipes de especialistas em oposição aos "lone rangers" ("soldados solitários"), a recente explosão de conteúdos basicamente criados por instrutores, produzidos com a ajuda de sistemas de autoria e ensino como WebCT e Blackboard, ilustra que os professores podem (sozinhos ou com um mínimo de apoio) produzir conteúdo eficiente e aceitável. Uma das vantagens geralmente ignoradas em relação a esse conteúdo "desenvolvido em casa" é que ele permite aos instrutores atualizar e comentar continuamente o conteúdo durante o curso. Em outras palavras, o processo de *design* instrucional pode continuar durante a sequência da aprendizagem, em vez de terminar antes que ocorra a interação aluno/conteúdo, como é exigido nas várias formas de instrução "enlatada".

Durante a Jornada Virtual ABED de Educação a Distância (Jovaed), realizada de 11 a 21 de junho de 2011, Jurandir Rafael coordenou uma atividade em que tuitou utilizando a hashtag #LoneRangerEaD e provocou irreverentemente o debate sobre várias das questões discutidas neste capítulo.

Projetos muito amplos podem ainda justificar certa divisão de trabalho, mas não justificam de maneira alguma a posição do professor como um impostutor espremido na ponta inferior do processo, recebendo tudo pronto, imposto e pesado de cima. Assim, neste capítulo exporemos por vezes as estratégias para um professor realizar parte dessas tarefas por conta própria, e outras vezes estratégias para sua integração (e não segregação) em relação às atividades desempenhadas por outros profissionais em projetos de EaD. Ou seja, os Lone Rangers e os Aututores não são o único cenário possível, mas o cenário da EaD enlatada é aqui rechaçado.

Autoria

Na sala de aula ou nos modelos de EaD em que o professor tem uma mínima liberdade de atuação, a ementa, o plano de curso e a bibliografia básica servem apenas como referência. Isso significa que o professor atua ajustando o programa e as fontes sugeridas ao tamanho e ritmo da classe e aos interesses e dificuldades de seus alunos, ou seja, a uma situação real. Na EaD fordista, conteudista e behaviorista, ao contrário, o "conteúdo" e as atividades já estão propostos, então esse material didático acaba, de alguma maneira, assumindo o papel da docência no lugar do professor, como afirmam Lapa e Pretto (2010, p. 83, grifo do autor):

> Não podemos esquecer que o material didático na EaD assume papel mais importante do que as referências e os recursos de apoio do presencial, pois ele carrega em si grande parte da comunicação que é estabelecida entre professores e alunos e, mais do que isso, também da própria estrutura do curso propriamente dito. Quer dizer que ele traz, já embutido, parte do diálogo que antes se estabeleceria apenas na sala de aula.
>
> Acrescente-se que traz também – ou, quem sabe, principalmente – as escolhas teóricas do *professor conteudista*, suas ideologias e sua leitura de mundo, que nem sempre é compartilhada pelo chamado *professor ministrante*. A este cabe oferecer uma disciplina em continuidade, levar em frente um diálogo não iniciado e, muitas vezes, não compartilhado por ele. Enfim, cabe a ele executar a proposta pedagógica do outro.

Como já vimos, como consequência do progresso das tecnologias da comunicação e da informação e da incorporação das ferramentas da Web 2.0 e das redes sociais à educação, a separação entre conteudista e tutor já não se faz mais necessária. O neologismo *aututor*, cunhado em oposição a outro neologismo, *impostutor* (MATTAR; VALENTE, 2007), não só reúne as figuras do autor e do tutor, como também implica a ideia de um *autotutor*, que tem liberdade e responsabilidade de se autogerir, de programar e avaliar seu próprio trabalho. O conceito de aututor questiona a alienação a que foram submetidos os professores em EaD, que impera no modelo de EaD conteudista, fordista e behaviorista.

Na nova função de autor de material para EaD, o professor tem agora que organizar e mesmo elaborar conteúdos. Para isso, precisa desenvolver novas habilidades, já que nem todo professor é naturalmente um autor. Exploraremos como desenvolver essas habilidades no capítulo Formação Continuada de Professores.

Nos últimos anos, tenho sido constantemente convidado para ministrar workshops e minicursos de formação de professores em EaD, e um dos trabalhos mais recompensadores que tenho realizado, sempre com muito sucesso, é a orientação para a utilização de recursos do Microsoft Word combinados com uma estratégia de produção de textos. Ou seja, orientações para a elaboração de textos e, em última instância, para a autoria. As orientações que venho constantemente aperfeiçoando encontram-se registradas em meu livro *Metodologia científica na era da informática* (2008) e levam em consideração as normas da Associação Brasileira de Normas Técnicas (ABNT), mas o trabalho *hands-on* em laboratórios acaba sendo aproveitado de uma maneira muito intensa por professores.

O quadro, a seguir, apresenta o plano de um minicurso proposto especificamente para a elaboração de textos no IV Encontro Nacional de Hipertexto e Tecnologias Educacionais, que será realizado em outubro de 2011, em Sorocaba, o qual utilizará não apenas o Word, mas também o Google Docs.

Plano do Minicurso

Elaboração de Textos e Trabalhos Científicos com Microsoft Word e Google Docs

João Mattar

Universidade Anhembi Morumbi

MINICURSO 4

Justificativa

É uma exigência contínua que alunos e professores produzam artigos, livros, trabalhos, Trabalhos de Conclusão de Curso (TCCs), dissertações e teses. Para isso, é necessário não apenas dominar recursos de ferramentas de produção de textos, mas também aplicar as normas da ABNT e desenvolver uma estratégia de produção textual com essas ferramentas.

Objetivos

- Apresentar recursos do Microsoft Word e Google Docs que auxiliem na produção de textos e trabalhos acadêmicos.
- Apresentar uma estratégia de redação fazendo uso dessas ferramentas.
- Integrar as normas da ABNT à produção de textos e trabalhos com o uso dessas ferramentas.

Conteúdo

Recursos do Microsoft Word (estilos, macros, sumário, listas, índice etc.) e do Google Docs (documentos, planilhas, apresentações e formulários; compartilhamento de arquivos e pastas; publicação).

Metodologia

As aulas serão práticas, ou seja, os alunos empregarão os recursos e as estratégias em computadores. Por isso, sugere-se que cada aluno traga seu próprio Notebook, de preferência com uma versão do Microsoft Word instalada.

(Material e links adicionais serão disponibilizados aos alunos durante o curso.)

Tenho também desenvolvido trabalhos similares com outras ferramentas, como planilhas eletrônicas e apresentações (Excel, PowerPoint e Google Docs), para capacitar o professor a produzir conteúdo. Não temos que ter vergonha de trabalhar essas ferramentas em benefício da educação, mesmo com as críticas comuns, por exemplo, ao uso do PowerPoint. O processo de formação para a autoria, integrando novas ferramentas e tecnologias, não precisa, é claro, se resumir às ferramentas básicas.

O Prezi[1] tem se mostrado uma ferramenta extremamente útil para a elaboração de apresentações mais dinâmicas, como alternativa ao PowerPoint. A apresentação dos formulários do Google Docs, associados com o arquivo automático dos dados em planilhas on-line, abre possibilidades imensas para o trabalho docente. Ferramentas da Web 2.0, redes sociais, games e mundos

[1] Disponível em: <http://prezi.com/>. Acesso em: 29 jun. 2011.

virtuais, entre outras plataformas, podem também ser utilizados por professores para produção de conteúdo, além dos mais tradicionais LMSs, como o Moodle.

Muitos defendem a tese de que o professor não deve elaborar conteúdos em EaD, que não tem condições, formação nem tempo para o desafio. Mas não é isso o que me transmite o brilho nos olhos dos professores que têm participado desses processos de formação. Consigo enxergar a visão que eles passam a ter com o uso dessas ferramentas não apenas para produzir material didático (para EaD ou mesmo para a educação presencial), mas também para outras atividades profissionais e mesmo pessoais, e recebo depois belíssimos retornos sobre as aplicações realizadas. Isso será retomado no capítulo Formação Continuada de Professores.

Inúmeras situações, como projetos muito longos e trabalhosos, podem exigir alguma divisão de trabalho, como já admitimos. Nesses casos, o que se deve evitar é a segregação na atuação dos profissionais, deixando para o professor na EaD a mera função de "animador" e monitor. Nesse sentido, em trabalhos de avaliação e de consultoria, tenho proposto que o professor que exercerá a função docente participe desde o início do processo de produção do conteúdo, ou seja, na elaboração das orientações para o conteudista e na sua contratação. O conteudista precisa trabalhar em parceria com o professor, de maneira que o professor seja capaz de ouvir sua própria voz no conteúdo produzido.

Por fim, gostaria de compartilhar uma experiência em que pude desenvolver algo diferente nesta área. Recentemente fui convidado a produzir conteúdo para uma disciplina on-line de Filosofia. O material seria utilizado em um modelo de curso tipicamente fordista: o aluno teria acesso a oito aulas on-line, em seis delas realizaria uma avaliação de múltipla escolha e nas outras duas responderia uma questão dissertativa. Sua "interação" com o professor, portanto, estaria praticamente reduzida à avaliação e retorno em relação às duas questões dissertativas, enquanto sua interação com os colegas praticamente não existiria – um fórum para dúvidas (muito pouco utilizado) serviria apenas para o aluno postar suas dúvidas, que seriam respondidas pelo "tutor". Em algumas situações, poderiam ser oferecidas aulas presenciais, principalmente para tirar dúvidas dos alunos.

Aceitei o convite porque o desafio envolvia utilizar na disciplina novas ferramentas e tecnologias, além de procurar gerar o máximo de interação no próprio material didático. Dentre vários outros recursos e estratégias, utilizei os seguintes na elaboração do material:

a) Para Refletir – as aulas não foram montadas a partir de uma sequência de conteúdo (por exemplo, História da Filosofia ou divisões tradicionais da Filosofia), mas por problemas, questões polêmicas que fazem parte de nosso dia a dia. Todo "Para Refletir", que inicia as aulas, propõe uma ou mais questões, que darão o tom para o resto da aula.
b) Um estilo dialógico, ou seja, elaborado como um diálogo com o aluno, com várias perguntas, provocações para reflexões etc., desde o início do conteúdo, não apenas no final, em um módulo de avaliação separado do material para o aprendizado.
c) Recursos como Saiba Mais, Exemplos etc., funcionando como hiperlinks internos no próprio material – isso é comum em materiais de EaD.
d) Lançar o aluno constantemente para fora do material, com links para exemplos, artigos on-line etc., que devem ser explorados para a sequência do material. Em alguns casos, são apresentados resumos ou introduções de alguns textos, cujo link leva o aluno para a fonte completa. Assim, fica aberta a trilha de exploração, no caso de o aluno se motivar e sentir interesse em conhecer a íntegra do documento.
e) Várias resenhas e indicações de filmes durante as aulas (não apenas no final, nas referências), com links para trailers e cenas disponíveis on-line, por exemplo, no YouTube.

f) Podcasts – inseri no material vários links para podcasts, principalmente do iTunes, após uma longa pesquisa na plataforma (que por sinal é maravilhosa). É possível encontrar aulas e cursos completos, que foram inseridos durante o próprio material (e não apenas no final, nas referências), com resumos e explicações sobre cada um, convidando continuamente o aluno a abandonar o material didático e se lançar à exploração dos podcasts.
g) Entrevistas com formadores de opinião inseridas no fluxo do próprio material, quebrando assim a comunicação centrada apenas no conteudista.
h) Links para posts em blogs, com apresentação do tema e discussão dos posts. Assim, mesmo o aluno não tendo possibilidade de interagir com outras pessoas ao passear pelo material, nem mesmo depois em fóruns de discussão ou outras ferramentas, ele é convidado a visitar um material novamente fora do material didático, em que uma interação já vem ocorrendo entre diversas pessoas (não apenas os alunos do curso) sobre o tema que ele está estudando, tendo assim a oportunidade de ler opiniões de outras pessoas sobre o tema e participar da discussão, emitindo sua opinião. Outro ponto interessante é que o aluno passa, assim, a participar de uma experiência interativa que sobreviverá ao curso, ou seja, se ele continuar acompanhando a discussão no post, ele tem a oportunidade de continuar a interagir no tema que estudou no curso, mesmo após seu encerramento. Seria como uma reserva de espaço para a interação independente do material didático e do formato do curso.

No caso do trabalho do professor como autor, essas estratégias podem ser incorporadas à elaboração de qualquer tipo de conteúdo. No caso da interação do professor de EaD com o conteudista, sugestões nessa direção podem também ser compartilhadas pelos dois, ou seja, o professor pode orientar o conteudista a já parir o conteúdo mais interativo, não deixando o desafio apenas para o Webdesigner ou outros profissionais que venham a transformar esse conteúdo em material para o ambiente on-line.

Se este último exemplo tem eficácia pedagógica, no sentido de ter sido uma experiência para inserir, na prática, elementos de interação no próprio conteúdo, ele não tem eficácia ideológica, ou seja, no fundo ajuda a sustentar o modelo de EaD que venho criticando neste livro. A certeza de que o aluno terá uma experiência mais interativa não é uma compensação, pelo fato de que, nesse modelo, a função docente é rebaixada ao nível mínimo, o que não devemos aceitar. Entretanto, é importante que o professor tenha em sua caixa de ferramentas (tecnológicas e pedagógicas) vários elementos para utilizar em situações diferentes, e nessa experiência pude desenvolver estratégias que nos servem para a inserção de interação no conteúdo da EaD, independentemente do modelo.

Design ~~instrucional~~ educacional

O Ministério do Trabalho incluiu, em janeiro de 2009, o designer educacional na Classificação Brasileira de Ocupação – CBO (IBDIN, 2009):

2394-35 - Designer educacional

Desenhista instrucional, Designer instrucional, Projetista instrucional

A ocupação está inserida na classe mais ampla de "Programadores, avaliadores e orientadores de ensino", que inclui: coordenador pedagógico, orientador educacional, pedagogo, professor de técnicas e recursos audiovisuais, psicopedagogo e supervisor de ensino. No site do Instituto Brasileiro de Desenho Instrucional (IBDIN, 2009) é possível encontrar uma breve reflexão sobre o processo de Regulamentação da Profissão de Designer Instrucional.

Apesar de a nomenclatura principal para o profissional na CBO ser Designer Educacional (DE), as expressões Design Instrucional e Designer Instrucional (DI) são mais utilizadas no Brasil por razões que não cabe aqui analisar. Tenho há bastante tempo e em várias publicações (MATTAR 2009a; 2011a) explorado a inadequação da expressão Design Instrucional e a vinculação do DI ao behaviorismo e aos modelos de EaD fordistas, críticas que tampouco serão retomadas aqui. Cabe registrar que Torrezzan e Behar (2009) chamam a atenção para a variante design didático e propõem a criação de um novo tipo de design, o design pedagógico, centrado no aluno e na aprendizagem, que integraria elementos de diversas áreas para a criação de ambientes instigantes para o aluno realizar interações e interatividades.

Pressuponho aqui que estejamos falando de DE nos termos propostos pelo curso livre on-line oferecido pela Artesanato Educacional:[2]

Design ~~Instrucional~~ Educacional

Descrição

Explora a teoria e prática do Design Educacional, que inclui o planejamento, a elaboração e o desenvolvimento de projetos pedagógicos, materiais educacionais, ambientes colaborativos, atividades interativas e modelos de avaliação para o processo de ensino e aprendizagem.

O curso procura apresentar um modelo de Design Educacional mais flexível e menos rígido do que os modelos tradicionais de Design Instrucional, incorporando elementos de interatividade e design de games.

---

[2] Disponível em: <http://www.artesanatoeducacional.com.br/design_educacional. html>. Acesso em: 29 jun. 2011.

Um dos procedimentos que é comum tanto no DI mais rígido quanto no DE mais flexível é a análise dos aprendizes (alunos ou público-alvo) e do contexto. Vejamos como alguns autores clássicos de DI tratam essas questões.

Brown e Green (2006) apontam uma diferença interessante entre audiência encarcerada (*captive audience*) e voluntários predispostos (*willing volunteers*). No primeiro caso, temos pessoas obrigadas a fazer o curso (alunos no ensino fundamental e médio, por exemplo); no segundo caso, temos alunos supostamente mais motivados a estudar, já que escolheram fazer o curso. É importante identificar se temos uma audiência encarcerada ou voluntários predispostos como nossos alunos, pois as posturas e as motivações de cada grupo tendem a ser totalmente diferentes em relação ao estudo.

Brown e Green fazem uma revisão de vários métodos de análise dos aprendizes, que resumimos a seguir. Dick, Carey e Carey e Smith e Ragan, incluídos na revisão, serão analisados separadamente a seguir.

Robert F. Mager (2006) sugere analisar e articular os seguintes dados sobre a audiência-alvo: idade, sexo, formação educacional, razões para fazer o curso, atitudes em relação a frequência/acompanhamento do curso, inclinações, preconceitos e crenças, *hobbies* típicos e outras atividades em tempo livre, interesses na vida além dos *hobbies*, gratificações e recompensas que seriam efetivas, características físicas, habilidades de leitura, terminologia ou tópicos a serem evitados, filiação a organizações e pré-requisitos e habilidades de entrada específicos já aprendidos.

Heinich et al. (2006) sugerem que a análise dos aprendizes seja focada em três aspectos da audiência-alvo: características gerais (demográficas, culturais, valores e experiência prévia com o conteúdo a ser coberto), competências de entrada específicas (necessárias para os aprendizes obterem sucesso com a instrução) e estilos de aprendizagem (num sentido amplo, incluindo inteligências múltiplas de Howard Gardner e estilos da mente de Anthony Gregorc).

Finalmente, Morrison, Ross e Kemp (2006) propõem abordar a análise dos aprendizes criando uma lista das seguintes características pessoais e sociais: idade e nível de maturidade, motivação e atitude em relação ao tema, expectativas e aspirações vocacionais (quando apropriado), experiência prévia ou atual de emprego e trabalho (se houver alguma), talentos especiais, destreza mecânica, habilidade para trabalhar sob condições ambientais diversas, como barulho, condições de clima rigorosas (para quem trabalha externo) ou altas elevações.

É importante criar um documento de trabalho útil que descreva a audiência-alvo, para o que Brown e Green dão algumas sugestões. Além disso, é também importante comparar os resultados da análise com os alunos que efetivamente participam do curso, num processo de revisão contínuo.

Dick, Carey e Carey (2006) ressaltam a importância de se determinarem as habilidades de entrada necessárias para participar adequadamente do curso.

Conhecer nossos alunos (população-alvo) permitiria que modificássemos nossa estratégia instrucional para melhorar a aprendizagem. Os autores diferenciam esse grupo-alvo (uma representação abstrata) dos aprendizes utilizados para testar o material.

As seguintes informações sobre a audiência-alvo seriam importantes, segundo os autores: habilidades de entrada, conhecimento prévio do tema, atitudes em relação ao conteúdo e ao sistema de ensino, motivação acadêmica, níveis de habilidade e educacionais, preferências gerais de aprendizagem, atitudes em relação à organização que oferece a instrução e características do grupo.

Diversas maneiras podem ser utilizadas para colher essas informações, como entrevistas estruturadas com administradores, instrutores e aprendizes, observação dos aprendizes nos contextos de aprendizagem e performance, pesquisas e questionários (presenciais ou a distância) e testes para identificar as habilidades e conhecimentos prévios.

Em relação ao contexto, os autores fazem uma interessante divisão entre a análise do contexto da performance (em que os aprendizes aplicarão suas novas habilidades) e a análise do contexto da aprendizagem (em que a aprendizagem ocorrerá).

As habilidades devem ser aprendidas para serem utilizadas fora da sala de aula, por isso a importância da análise do contexto da performance, que possibilitaria uma aprendizagem mais autêntica. Assim, as exigências para sua aplicação deveriam estar presentes no seu ensino. Os autores sugerem que sejam levados em consideração: o suporte previsto para a aplicação das habilidades aprendidas, os aspectos físicos e sociais do local e a relevância das habilidades no local de trabalho. Observações e entrevistas nos ambientes podem ser utilizadas para colher essas informações.

A análise do contexto de aprendizagem deve incluir o que é (revisão do ambiente em que a instrução ocorrerá) e o que deveria ter (instalações, equipamentos e recursos que suportam adequadamente a instrução pretendida). O foco da análise deve incluir: a compatibilidade do local de aprendizagem com as necessidades instrucionais, a adaptabilidade do local de aprendizagem para simular o local de trabalho, a adaptabilidade para abordagens de entrega (*delivery*) e limitações do local de aprendizagem que afetem o design e a entrega. As estratégias para colher informações são similares à análise do contexto da performance.

Outro passo importante seria a avaliação e a revisão das análises, baseando-se em testes do curso ou material e explanação do projeto para alunos potenciais e supervisores no ambiente de trabalho.

Smith e Ragan (2006) lembram que os aprendizes não são iguais, nem iguais aos designers. Se não começarmos do nosso público-alvo, corremos o risco de criar instrução que não é apropriada para ninguém. Se começamos por quem imaginamos que os aprendizes sejam, corremos o risco de desenvolver instrução para uma audiência que não existe. Devemos levar em consideração o que os aprendizes efetivamente são e o que sabem. Os autores propõem quatro categorias para organizar as características dos aprendizes:

a) **Similaridades estáveis**: capacidades sensórias e perceptivas, processamento de informações, tipos e condições de aprendizagem.
b) **Diferenças estáveis**:
   b1) aptidões: inteligência – testes de Quociente de Inteligência (QI); vocação – Armed Services Vocational Aptitude Battery (ASVAB, em português, Bateria de Aptidão de Serviços Armados); aptidões acadêmicas particulares – SAT, GRE ou MAT (testes de capacidades quantitativas: álgebra e matemática); teoria das inteligências múltiplas de Gardner; estudos da relação entre aptidões em interação, combinando diferentes métodos de instrução para diferentes grupos;
   b2) estilos cognitivos: incluindo estilos de aprendizagem e *locus* de controle;
   b3) traços psicossociais: de ansiedade, de *locus* de controle e conceito-próprio acadêmico;
   b4) gênero, etnia e grupo racial. Seria possível acomodar diferenças estáveis de duas maneiras: um tratamento único da instrução que acomoda os aprendizes nos níveis de diferença, ou criar vários tratamentos que se ajustem a características específicas.
c) **Similaridades mutáveis ou processos de desenvolvimento**: intelectual – Piaget, Vygotsky; linguagem – Chomsky; psicossocial – Freud, Maslow, Erikson etc.; moral e outros.

   Deve-se considerar que a instrução pode influir nos estágios de desenvolvimento indicados.

d) **Diferenças mutáveis**: valores, crenças, motivações e interesses, estágios de desenvolvimento (intelectual, psicossocial, moral e outros) e aprendizado anterior (geral e específico, conhecimento geral do mundo, alfabetização visual).

O texto apresenta então uma lista extensa de características que devem ser consideradas para descrever uma audiência: cognitivas, fisiológicas, afetivas e sociais, e as diferentes maneiras para obter essas informações. Outra lista é apresentada com informações e técnicas instrucionais que podem variar de acordo com as características da audiência: rapidez da apresentação, número de experiências de sucesso que o aprendiz deve ter na prática, tipos de afirmações para convencer os alunos da relevância da instrução, técnicas para obter e focar a atenção e a frequência do uso dessas técnicas, contexto de exemplos e itens de prática, quantidade de estrutura e organização, meio/mídia da instrução, nível de concretude/abstração, agrupamento de alunos, tamanho dos pedaços de instrução, modo de resposta (escrito, oral etc.), número e dificuldade de exemplos e prática, tipo de retorno dado depois de itens de prática, nível de controle do aprendiz, nível de leitura, vocabulário e terminologia usada, quantidade e tipos de reforços, duração permitida para a instrução, quantidade e tipo de guia, dicas e incentivos oferecidos para o aprendizado.

Essas listas podem servir para cada um de nós criarmos uma matriz própria. O DI clássico começa e insiste na descrição detalhada dos objetivos de aprendizagem, além de outros procedimentos que não abordaremos aqui. A questão que resta então é: como o professor de EaD pode integrar essas análises em seu trabalho?

Em primeiro lugar, a figura do aututor pode ser ampliada para a do aututordesigner, ou seja, um professor que, em vários projetos, atua tanto na produção de material didático para EaD quanto na elaboração geral do projeto e de estratégias de aprendizagem. Na função de designer educacional, o professor planeja o material didático e as atividades, faz escolhas do material visual a ser utilizado nas aulas e assim por diante. Ou seja, a proposta aqui é que o design educacional (e mesmo muitos elementos do design instrucional mais tradicional, como as análises dos aprendizes e do contexto comentadas anteriormente) sejam conhecimentos e habilidades nas mãos dos professores, não de profissionais separados que ditem o que eles devem fazer. Abre-se assim para o professor a possibilidade de se tornar um designer de seus cursos, tanto no sentido mais restrito de um designer gráfico e visual quanto no sentido mais amplo de designer educacional.

Isso exige novamente formação adequada e contínua, que exploraremos em outro capítulo. E mesmo em situações em que a divisão de trabalho se justifique, esse conhecimento por parte dos professores será essencial para que eles possam participar ativamente do processo de design educacional junto com outros profissionais, dando sugestões e colaborando na elaboração dos projetos, evitando assim que recebam pronto um curso de cuja concepção não compartilham. A colaboração e a cooperação dos professores na elaboração dos materiais, no planejamento, nas metodologias e na seleção dos recursos escolhidos pressupõem, portanto, que os professores sejam também formados em DE. E isso não apenas em EaD, pois a formação nos princípios do design educacional é também essencial para professores presenciais.

Produção

As habilidades adquiridas pelo professor tanto para a autoria de materiais didáticos para EaD quanto para o design educacional tornam-se também essenciais para sua atuação na produção e no planejamento de sons e animações, definição de letras, tamanhos, cores e fundos para integrar às mensagens, recursos multimídia e assim por diante. Aqui, novamente podemos pensar em duas atuações distintas: o professor como o produtor de seus próprios materiais e como participante nas equipes de produção de ambientes virtuais, de materiais etc.

Lohr (2008) define alfabetização visual (*visual literacy*) como a habilidade para compreender, usar e criar eficientemente com imagens. Em educação e especificamente em EaD, a alfabetização visual envolve a habilidade para trabalhar com ferramentas (tipos, forma, cor, profundidade e espaço) e ações (contraste, alinhamento, repetição e proximidade) para influenciar a aprendizagem. A tendência de quem está sendo alfabetizado visualmente é abusar do edu-junk, definido como o lixo educacional que envolve o uso exagerado de clip art, bordas, sombreamento, textos em letras maiúsculas, textos centralizados e Word Art. Nesse sentido, deve fazer parte da formação do professor em EaD o planejamento gráfico para material didático.

A tipografia educacional pode ser definida como a arte e a ciência de utilizar letras individuais, palavras e passagens de texto para transmitir uma mensagem educacional. As fontes podem ser classificadas com e sem serifa (as perninhas). Fontes com serifas são ideais para textos impressos, enquanto as fontes sem serifas para textos a serem lidos em monitores de computador. Mas há ainda vários outros tipos de classificação para as fontes. Algumas sugestões gerais: evitar linhas muito longas, gerar contraste entre o texto e o fundo, não sublinhar nem usar cor de hiperlinks no texto e não utilizar mais de três fontes em uma mesma composição. É importante lembrar que browsers, plataformas e resoluções de monitores geram visualizações diferentes de páginas na Web.

Considera-se, em geral, que o design tenha quatro princípios básicos: contrast, alignment, repetition, and proximity (CARP):

- contraste (itens distintos devem ser diferenciados);
- alinhamento (conexão visual entre os itens na página);
- repetição (um elemento-chave deve se repetir pelo material, gerando consistência);
- proximidade (itens relacionados devem ser agrupados).

Algumas sugestões gerais: escolha um alinhamento e utilize--o em toda a página, sem misturar alinhamentos; não centralize tudo, faça que os elementos distintos realmente pareçam distintos, e não semelhantes (WILLIAMS; TOLLETT, 2006).

O psicólogo Richard Mayer (apud LOHR, 2008) propõe diversos princípios para a aprendizagem multimídia, dentre os quais o interessante princípio da redundância: animações devem ser acompanhadas de narração, mas não de narração e texto, já que utilizar a narração junto com um texto impresso cria uma atenção dividida. É muito mais eficiente para o aprendiz ouvir palavras e ver uma animação correspondente, do que ler palavras, ouvir a narração e tentar também "ler" a narração ao mesmo tempo.

Lohr (2008) explora também situações em que a relação figura/fundo interfere na imagem educacional, como nos casos em que a figura compete com o fundo, a figura deveria ser o fundo e vice-versa (linhas muito fortes em tabelas, por exemplo) e a figura e o fundo geram uma ilusão de ótica. Veja a seguir um exemplo.

O que você enxerga?

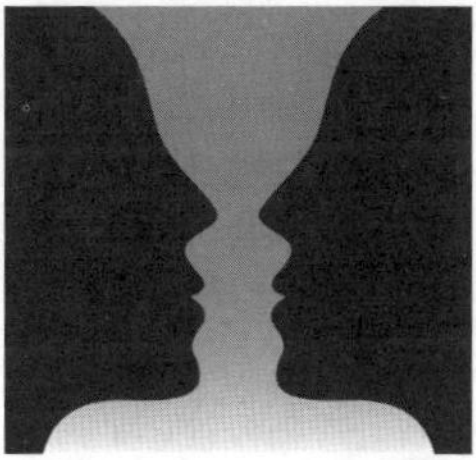

Fonte: *Ye/Shutterstock.*

Lohr (2008) oferece ainda interessantes orientações para o design de interfaces, como:

- mantenha a navegação clara (garanta que os usuários saibam onde estão, de onde vieram, como voltar ou sair, se necessário, e como voltar para a home page);

- leve o usuário à informação o mais rápido possível;
- design para simplicidade (utilizando as mesmas estruturas de grid e layouts);
- garanta feedback visual para qualquer ação do usuário (se ele clicar em alguma coisa nova, garanta que pareça nova).

Alguns exemplos de design ruim (WILLIAMS; TOLLETT, 2006):

- texto difícil de ler;
- elementos que tiram a atenção em relação às informações mais importantes;
- formatação inadequada;
- abuso das maiúsculas;
- falta de clareza na identificação dos links;
- animações que nunca param;
- navegação pouco clara;
- muitas frames;
- falta de ponto focal, ou muitos pontos focais.

É essencial indicar o software da Abobe Kuler,[3] que permite testar combinações de paletas de cores para você utilizar na sua produção.

Enfim, as possibilidades de se aperfeiçoar em design são infinitas e encantadoras, e, como já dito, essa formação pode auxiliar o professor tanto a produzir seus próprios materiais como a participar mais ativa e adequadamente do processo de produção, quando é realizado por um especialista.

Nesse sentido, durante a Jovaed, Bruno da Costa Correa ofereceu no Moodle de Artesanato Educacional o curso Oficina de Criação e Edição de Imagem e Áudio para EaD, que tende a se repetir nos semestres seguintes, com a inclusão de vídeo, tipografia, cores e orientações mais gerais de design.

[3] Disponível em: <http://kuler.adobe.com/>. Acesso em: 29 jun. 2011.

Mais sobre EaD

Oficina de Criação e Edição de Imagem e Áudio para EaD

O objetivo dessa oficina é desenvolver os conceitos e as técnicas básicas para a criação de imagens e áudios para as interfaces digitais de ensino-aprendizagem. As atividades serão desenvolvidas utilizando os programas gratuitos para edição:

- GIMP 2.6 – <http://www.gimp.org/>
- Audacity 1.2.6 – <http://audacity.sourceforge.net/?lang=pt>
- LAME MP3 encoder – <http://audacity.sourceforge.net/help/faq?s=install&item=lame-mp3>

Alguém mexeu no meu queijo: O professor alterou o conteúdo

Nossa visão sobre a atividade da docência em EaD é a de um professor que, antes de começar a atuar como docente, já participou da produção do conteúdo, do design dos cursos e da produção do material didático. Ou seja, ele chega neste ponto situado, compreendendo a direção do que deve fazer, coautor ou autor do material que irá utilizar, das atividades que proporá, da forma como realizará avaliações etc. Mas sua atuação distinta da de um impostutor não para por aqui. Ele deve ter também liberdade para escolher os materiais e as atividades em função da turma real para a qual vai lecionar, liberdade para alterar alguns desses recursos e inclusive para criar outros. O objetivo desta parte final deste capítulo é apenas indicar alguns recursos que o professor de EaD pode utilizar nessa jornada.

A educação, especialmente a EaD, tende também a ser marcada pela oferta cada vez mais ampla de Recursos Educacionais Abertos (REAs). As raízes do movimento na educação superior podem ser identificadas no surgimento do OpenCourseWare do

Massachusetts Institute of Technology (MIT),[4] no início deste milênio. Várias outras instituições seguiram caminhos similares ao do MIT. Além disso, é possível encontrar na Web artigos, imagens, podcasts, vídeos etc. em praticamente todos os ramos do conhecimento, que podem ser utilizados com sucesso em EaD. Com acesso cada vez mais amplo a recursos abertos e objetos de aprendizagem gratuitos e de qualidade, o professor de EaD tem então nas mãos o poder de inserir materiais adicionais (ou em substituição aos inicialmente previstos no curso) em função de suas turmas e do ritmo do estudo.

O Multimedia Educational Resource for Learning and Online Teaching (Merlot)[5] é uma comunidade internacional que compartilha recursos para a educação superior. O Internet Archive[6] é uma biblioteca digital de textos, áudio, vídeos etc. Os repositórios de objetos de aprendizagem como o Merlot podem, na verdade, ser utilizados tanto para a autoria quanto para a tutoria em cursos a distância. O professor pode incorporar esses objetos na produção de conteúdo e na proposição de atividades durante o andamento de uma disciplina. No Brasil, devem ser destacados os projetos Rede Interativa Virtual de Educação (Rived),[7] coordenado pela Secretaria de Educação a Distância (SEED), e Laboratório Didático Virtual (LabVirt),[8] coordenado pela Escola do Futuro da USP.

Elementos mais simples podem também ser utilizados em cursos ou mesmo na produção de objetos de aprendizagem. Partners in Rhyme[9] é um site do qual podem ser baixados diversos tipos de

---

[4] Disponível em: <http://ocw.mit.edu/OcwWeb/web/home/home/index.htm>. Acesso em: 24 jun. 2011.

[5] Disponível em: <http://www.merlot.org/>. Acesso em: 20 jul. 2011.

[6] Disponível em: <http://www.archive.org/>. Acesso em: 20 jul. 2011.

[7] Disponível em: <http://rived.proinfo.mec.gov.br/>. Acesso em: 20 jul. 2011.

[8] Disponível em: <http://www.labvirt.futuro.usp.br/>. Acesso em: 20 jul. 2011.

[9] Disponível em: <http://www.partnersinrhyme.com/>. Acesso em: 20 jul. 2011.

arquivos de áudio, de efeitos sonoros e loops a composições completas. O Mutopia Project[10] oferece arquivos de músicas completas em MIDI, principalmente clássicas. O Clipart.com[11] oferece imagens, fotos, ilustrações etc. para download. A Animation Factory[12] oferece diversos tipos de animações. Há ainda diversos sites para baixar animações produzidas especificamente em Flash.

Não é preciso dizer que a oferta de textos na Internet é infinita. Nesse sentido, é importante que os alunos sejam direcionados a sites importantes para pesquisa, como o Scielo[13] ou os bancos de dados de dissertações de mestrado e teses de doutorado, como Teses USP.[14]

Outra tendência, que já pode ser observada em muitos casos, é a substituição de livros impressos por livros eletrônicos. No *The Horizon Report 2011* (JOHNSON et al., 2011), os ebooks aparecem com um tempo de adoção de um ano ou menos, ou seja, praticamente no momento que este livro estiver publicado, os ebooks devem estar incorporados à educação e principalmente à EaD. Segundo o *Horizon Report*, os ebooks estão começando a demonstrar a capacidade de desafiar a própria definição de leitura. Elementos audiovisuais, interativos e sociais aprimoram o conteúdo dos livros e revistas, e ferramentas sociais estendem a experiência do leitor para um mundo mais amplo, conectando leitores e permitindo explorações mais profundas e colaborativas do texto. Deixando de ser uma mera reprodução digital de uma obra impressa, as novas interfaces transportam a experiência de leitura com interações táteis a uma nova esfera. Nesse sentido, elas tendem naturalmente a ser incorporados como referências ao trabalho do professor em EaD, e plataformas como Kindle,

[10] Disponível em: <http://www.mutopiaproject.org/>. Acesso em: 20 jul. 2011.
[11] Disponível em: <http://www.clipart.com/en/>. Acesso em: 20 jul. 2011.
[12] Disponível em: <http://www.animationfactory.com/en/>. Acesso em: 20 jul. 2011.
[13] Disponível em: <http://www.scielo.br/>. Acesso em: 20 jul. 2011.
[14] Disponível em: <http://www.teses.usp.br/>. Acesso em: 20 jul. 2011.

iPad etc. tendem a constituir uma nova categoria de rivais em relação aos LMSs, que abordaremos no próximo capítulo.

Ressalte-se que as editoras de textos educacionais têm oferecido cada vez mais seus catálogos em bibliotecas virtuais.

Portanto, o professor de EaD tem à sua disposição na Internet elementos e objetos de aprendizagem suficientes para a docência nas mais diversas disciplinas. Assim, não faz sentido aprisioná-lo em um conteúdo predefinido e que tende a se tornar caduco muito rapidamente. Ao contrário, é essencial conceber o professor em EaD como um maestro na orquestração dessa variedade de materiais disponíveis on-line e gratuitamente. Novamente, a formação de professores mostra-se essencial para o sucesso dessa visão. Antes, abordaremos nos próximos capítulos algumas ferramentas, atividades e orientações para avaliação que o professor pode utilizar em EaD.

4

Ambientes Virtuais de Aprendizagem

O título Ambientes Virtuais de Aprendizagem (AVAs) é tomado neste capítulo em um sentido bastante amplo. Ele inclui não apenas os tradicionais AVAs ou LMSs, mas também plataformas da Web 2.0, redes sociais, games e mundos virtuais, dentre outros, ou seja, todas as plataformas que o professor de EaD tem hoje a seu dispor para realizar atividades a distância. A escolha e o balanço adequado entre esses diversos ambientes, em função do público-alvo, do desenho pedagógico do curso, das atividades propostas e de outras variáveis, tendem a determinar decisivamente os resultados de projetos de EaD.

LMSs ou AVAs

Há denominações alternativas para Learning Management Systems (LMSs; em português, Sistemas de Gerenciamento de Aprendizagem), cujos significados às vezes variam, como, por exemplo, Course Management System (CMS) e Learning Content Management System (LCMS). Em português, a denominação mais comum é Ambientes Virtuais de Aprendizagem (AVAs).

Em muitos casos, as próprias instituições de ensino desenvolvem seus LMSs. O *Censo EaD.br* (ABED, 2010b), conforme Tabela 4.1, indica que é elevado, no Brasil, o número de instituições cujo LMS foi totalmente desenvolvido internamente (33%), sendo essa proporção bem mais alta no caso das instituições privadas (41%) do que nas públicas (29%).

Tabela 4.1 Uso de LMS por tipo e instituição.

LMSs	Credenciada pública	%	Credenciada privada	%	Cursos livres	%	Total	%
Desenvolvido	18	29	40	41	18	35	76	33
Comercial	5	8	18	19	10	20	33	16
Gratuito	29	47	32	33	17	33	78	37
Sem resposta	10	16	7	7	6	12	23	11
Total	62	100	97	100	51	100	210	100

Fonte: Adaptado do Censo EaD.br (ABED, 2010b, p. 215).

Outra opção são os LMSs comerciais, utilizados no Brasil por aproximadamente 16% das instituições, sendo essa proporção bem menor no caso das instituições públicas (8%) do que das privadas (19%).

A Blackboard é uma das referências dentre os LMSs comerciais, tendo sua empresa adquirido outros LMSs importantes, WebCT e Angel. Hoje ela oferece uma série de plataformas, como Blackboard Learn, Blackboard Connect, Blackboard Analytics, Blackboard Collaborate, Blackboard Transact e Blackboard Mobile.[1]

Dentre outros LMSs comerciais, podem ser mencionados Desire2Learn (envolvido em uma longa batalha judicial contra a Blackboard) e eCollege. No Brasil, várias empresas possuem

[1] Disponível em: <http://www.blackboard.com>. Acesso em: 24 jun. 2011.

AVAs próprios, como, por exemplo, WebAula e Portal Educação, que lançou recentemente seu AVA 2.0 incorporando características da Web 2.0, o que parece ser uma tendência entre os LMSs.

Outra tendência no Brasil e no exterior tem sido a utilização de LMSs gratuitos, de código aberto e/ou livres. Como se pode perceber na Tabela 4.1, eles já são utilizados pela maioria das instituições de ensino no Brasil (37%), crescendo a proporção de sua utilização no caso das instituições públicas (47%).

Dentre os LMSs gratuitos, o Moodle, criado em 2001, tornou-se uma escolha bastante comum nos últimos anos. No Brasil, seu uso tem sido reforçado pelo fato de ser adotado pela Universidade Aberta do Brasil (UAB).

Mais sobre EaD

Este livro, que pode ser baixado gratuitamente, traz uma série de orientações pedagógicas para o uso do Moodle por parte do professor em EaD:

- ALVES, Lynn; BARROS, Daniela; OKADA, Alexandra (Org.). ***Moodle***: estratégias pedagógicas e estudo de caso. Salvador: EdUNEB, 2009.

Com orientações mais técnicas e voltadas para a configuração do ambiente, foi lançada em 2010 a obra:

- SILVA, Robson Santos da. ***Moodle pra autores e tutores***: educação a distância na web 2.0. São Paulo: Novatec, 2010.

cuja primeira edição esgotou-se rapidamente, sendo então lançada em 2011 uma segunda edição, com um capítulo adicional apresentando os recursos de gerenciamento de conteúdo e da Web 2.0 disponíveis no Moodle 2.0. Robson oferece uma série de dicas práticas para a configuração e o trabalho no AVA.

É interessante explorar no Moodle as diferenças de organização do material e do curso entre os formatos social (centrado em um fórum), de tópicos (que permite organizar o material em função de temas ou atividades) e semanal (em que o material é organizado temporalmente).

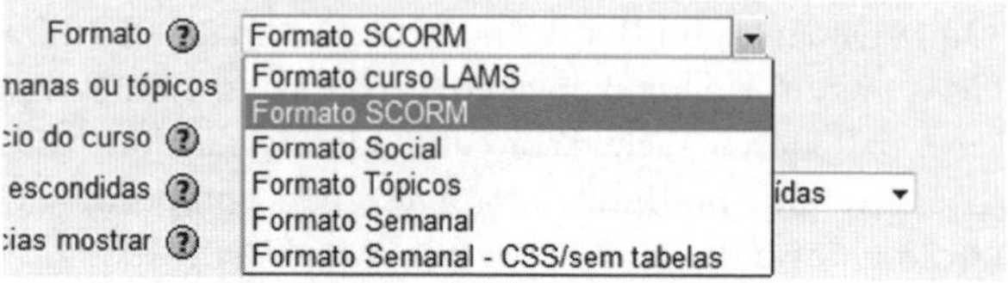

Figura 4.1 Formato de cursos.
Fonte: Moodle (conteúdo de curso do autor).

É possível usar o recurso de Grupos do Moodle de três maneiras: nenhum grupo (sem divisão em grupos), grupos separados (o curso é dividido em grupos e os membros do grupo enxergam apenas os participantes, as mensagens e outras atividades que fazem parte do seu grupo) e grupos visíveis (é possível enxergar tudo em todos os grupos, mas o aluno só pode participar das atividades realizadas no seu grupo).

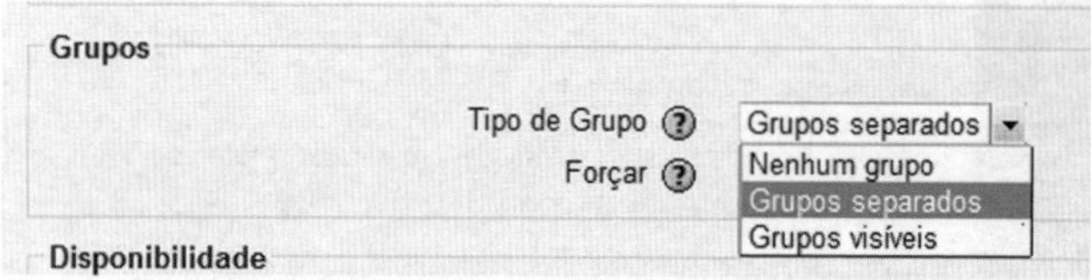

Figura 4.2 Grupos.
Fonte: Moodle (conteúdo de curso do autor).

Ao apresentar o menu Administração do Moodle, Robson Santos da Silva (2010, p. 32) afirma:

> Normalmente, as definições contidas nas funcionalidades do menu administração estão sob responsabilidade da equipe gestora do AVA. Aos autores e tutores caberão apenas as configurações re-

lativas aos arquivos do curso, uma vez que nelas ficam armazenados os arquivos que, a partir de *uploads*, passam a compor o escopo do curso ou atividades.

Figura 4.3
Administração.
Fonte: Moodle (conteúdo de curso do autor).

No modelo de EaD proposto neste livro, o professor de EaD deve ter liberdade para manipular os recursos de Administração do Moodle (ou qualquer outro AVA), dentre os quais a edição e as configurações (para que o professor possa atuar *just-in-time*, modificando aquilo que considerar conveniente), as notas (avaliação), os grupos (para distribuir os alunos em grupos), os relatórios e as perguntas (para criar questões). É claro que para atuar adequadamente, o professor precisa ser formado continuamente não apenas no uso técnico do AVA, mas também em design educacional (como já abordamos no final do capítulo anterior). Cabe, entretanto, registrar que, em muitos modelos de EaD, nem mesmo às configurações em relação aos arquivos dos cursos os tutores têm acesso.

Robson S. da Silva (2010) destaca também a importância do bloco HTML para a inserção de diferentes tipos de mídia (imagens, áudio e vídeos) nas áreas laterais do curso. No exemplo a seguir, foi inserido um vídeo no lado direito. É possível ainda utilizar no bloco HTML arquivos de áudio e vídeo dos quais foi feito upload para o Moodle, incorporar (embed) esses arquivos a partir de plataformas como o YouTube, slides a partir do Slideshare etc. No caso de criação de páginas Web, são apresentadas as possibilidades de criação de álbum de fotos por compartilhamento e de videotecas (Figura 4.4).

Dois outros blocos comuns e bastante interessantes nas configurações-padrão do Moodle são:

- Alimentador RSS remoto: possibilita receber mensagens de blogs, contas no Twitter, notícias e outros serviços de

Figura 4.4 Vídeo lateral.

Fonte: Moodle (conteúdo de curso do autor).

RSS. Esse recurso acaba funcionando no curso como a interação conteúdo/conteúdo abordada no Capítulo 2; sem a intervenção dos participantes (professor ou aluno), o material vai sendo atualizado automaticamente.

- Itens do glossário: permite mostrar aleatoriamente itens de um glossário que pode ser disponibilizado pelo professor e/ou editado colaborativamente pelos participantes do curso.

Além das funcionalidades básicas do Moodle, Robson S. da Silva (2010, p. 35) apresenta outros blocos, que ele chama de "porta de entrada para o uso da Web 2.0 no Moodle", como:

- Wiziq: videoconferências e aulas on-line por áudio e vídeo.
- Presenter: criação de páginas Web.
- Exabos: e-portfólios.

- Moogle ou Goodle: Google personalizado.
- YouTube Playlist: listas de reprodução do YouTube.
- Game: Hangman (forca), Crossword (palavras cruzadas), Cruptex (caça-palavras), Millonaire (milionário), Sudoku, The hidden Picture (imagem escondida), Snakes and Ladders e Book with question (livro com questões).
- Google Maps: identifica a localização dos usuários on-line.

As comunidades on-line Moodle[2] e Moodle Brasil[3] agregam os interessados nesse AVA, oferecendo suporte contínuo para a atualização de técnicos, educadores e designers, dentre outros profissionais.

Um software de código aberto cujo uso tem crescido nos últimos anos, inclusive no Brasil, é o Sakai.[4] Podem ainda ser mencionados: TelEduc,[5] também de código aberto, desenvolvido pelo Núcleo de Informática Aplicada à Educação (NIED) da Universidade Estadual de Campinas (Unicamp) e AulaNet, desenvolvido pelo Laboratório de Engenharia de Software (LES), do Departamento de Informática da PUC-RJ.

Percebe-se cada vez mais uma tendência para integrar LMSs com outras ferramentas, como as indicadas no restante deste capítulo.

O professor pode não apenas utilizar AVAs ou LMSs, mas também ser peça essencial nos projetos de desenvolvimento de ambientes virtuais de aprendizagem, já que é ele quem tem experiência em docência, no contato com o aluno e no acompanhamento de seu aprendizado.

Web 2.0 e redes sociais

Nos primórdios da EaD não havia telefone, rádio, televisão, computador nem celular. Em consonância com essa situação, firmou-se

---

2 Disponível em: <http://moodle.org>. Acesso em: 30 jun. 2011.

3 Disponível em: <http://www.moodle.org.br/>. Acesso em: 30 jun. 2011.

4 Disponível em: <http://sakaiproject.org/>. Acesso em: 30 jun. 2011.

5 Disponível em: <http://www.teleduc.org.br/>. Acesso em: 30 jun. 2011.

um modelo de EaD por correspondência, cujos principais atores eram: (a) conteudista, (b) pedagogo, (c) designer gráfico e (d) tutor. A interação ficava praticamente reduzida a material impresso trocado entre o tutor e o aluno, já que não existiam ferramentas que possibilitassem outro tipo de relação.

Neste milênio, o cenário é completamente diferente, com o desenvolvimento da Internet, das ferramentas da Web 2.0 e das redes sociais, que passaram a ser naturalmente incorporadas à educação. Hoje é possível construir redes sociais a distância, em que várias pessoas interagem, síncrona e assincronamente. As novas gerações crescem, convivem, comunicam-se, estudam e trabalham em rede. Nessas redes, o conhecimento é aberto e colaborativo, e os usuários não são mais concebidos apenas como recipientes passivos, mas também simultaneamente como produtores e desenvolvedores de conteúdo. Para a EaD, isso significa que o aluno, além de leitor, passa também a ser autor e produtor de material para a educação, inclusive editor e colaborador, para uma audiência que ultrapassa os limites da sala de aula ou do ambiente de aprendizagem.

É possível hoje educar a distância com interação síncrona e assíncrona não apenas entre professores e alunos, mas também entre os próprios alunos. Além disso, como já vimos, é possível encontrar cada vez mais conteúdos educacionais livres e de qualidade disponíveis na Web. O movimento de Recursos Educacionais Abertos (REAs) tende a impulsionar ainda mais essa tendência. Portanto, se nos primórdios da EaD era imprescindível produzir conteúdo para enviar ao aluno pelo correio, já que não havia material abundante disponível, hoje a situação inverteu-se completamente. Ou seja, se antes havia pouco conteúdo disponível e praticamente não era possível interagir a distância, hoje há um excesso de conteúdo disponível e é possível interagir intensamente a distância.

Em consonância com esse novo cenário, hoje dominado pelas ferramentas da Web 2.0 e pelas redes sociais, seria natural que o foco do design na EaD migrasse da produção de conteúdo para o trabalho interativo com essas ferramentas colaborativas. Entretanto, não é isso a que em geral temos assistido. Mudamos alguns atores (o designer instrucional substituiu o pedagogo e o Webdesigner substituiu o designer gráfico), mas a equação continuou basicamente a mesma: (a) conteudista, (b) designer instrucional, (c) Webdesigner e (d) tutor. No artigo "Conteudista + Designer Instrucional + Webdesigner + Tutor = uma equação que não fecha" (MATTAR, 2011a), disponível on-line, abordo essa "equação" com maior profundidade.

Existem diferentes definições de Web 2.0 (MATTAR; VALENTE, 2007). Gostaria de ressaltar aqui alguns pontos que me parecem mais importantes para a educação e especialmente a EaD:

1. **Usuário autor**: se em seus primórdios a Web possibilitava o acesso e download de conteúdo, a cultura da Web 2.0 considera o usuário também um autor, ou seja, ele acessa, remixa e produz conteúdos, que por sua vez são lançados de volta à rede para acesso e retrabalho por outros.
2. **Computação nas nuvens**: apesar de a expressão "computação nas nuvens" ter passado a ser usada com mais frequência depois da expressão Web 2.0, ela define bem uma de suas principais características: tanto os softwares quanto o backup de arquivos abandonam os computadores e passam a ser processados on-line. Não é preciso ter um processador de textos (como o Microsoft Word) instalado no seu computador para redigir um texto, nem é preciso gravar o arquivo no seu computador – tudo isso é realizado on-line, por exemplo, pelo Google Docs. Assim, o browser torna-se a plataforma de trabalho, substituindo o computador.
3. **Colaboração**: é possível (também on-line) trabalhar em grupo, inclusive sincronamente, na elaboração de um arquivo (Google Docs), jogar um game (World of Warcraft), discutir os mais diversos temas (redes sociais) etc.

4. **Custo zero**: nem tudo é de graça hoje na Web, mas cada vez mais são testados novos modelos de negócios em que o usuário tem acesso a plataformas, ferramentas e materiais sem custo.

Assim como o conceito de Web 2.0, o conceito de redes sociais tampouco é claro e consensual entre os estudiosos. A seguir, apresento três conceitos distintos associados à expressão:

a) Num sentido mais restrito (cada vez menos usado), redes sociais incluem plataformas como Orkut, Facebook e Linkedin, projetadas para conectar pessoas com o recurso de fóruns e outras ferramentas.
b) Num sentido mais amplo, inclui, além das plataformas mencionadas anteriormente, qualquer plataforma on-line que possibilite a conexão de pessoas. Nesse sentido, seriam consideradas redes sociais Twitter, Flickr, YouTube, mundos virtuais como Second Life, games etc.
c) Enquanto os dois conceitos anteriores apontam basicamente para a tecnologia, um conceito mais amplo pensa em redes sociais como conexão entre pessoas, independente das ferramentas. Ou seja, as redes são as pessoas conectadas, não as plataformas.

Islas e Urrutia (In: PISCITELLI; ADAIME; BINDER, 2010) classificam as redes sociais, em função de sua finalidade ou propósito, em: redes sociais destinadas a fins educativos, profissionais, inovação, entretenimento, cidadania e socialização virtual.

Mais sobre EaD

Este livro, explora, com fôlego, teoricamente o universo das redes sociais:

- RECUERO, Raquel. ***Redes sociais na internet.*** Porto Alegre: Sulina, 2009. (Coleção Cibercultura).

O discurso da cibercultura, centrado na ideia de redes sociais como pessoas conectadas, é legítimo e muito interessante, mas me parece insuficiente para fundamentar a atuação do professor em EaD. Apesar da seriedade, qualidade e importância dos discursos sobre a cibercultura e as redes sociais, precisamos também de discursos (e práticas) mais focados em educação, EaD e tecnologia, que podem ser encontrados no campo de estudos denominado Tecnologia Educacional. Este é um campo de pesquisa e prática do uso de ferramentas tecnológicas em educação. Envolve a exploração do potencial pedagógico dessas ferramentas e sua integração à educação.

No Brasil, essa expressão acabou assumindo historicamente uma conotação negativa, mas é essencial que pesquisadores e professores explorem (pedagogicamente) o uso de tecnologias específicas em educação, e não apenas circulem ao redor de discursos mais amplos e genéricos. É necessário, portanto, uma ponte entre o discurso mais amplo das mídias sociais, cibercultura, tecnologias da inteligência e pedagogia e a prática do professor com ferramentas e plataformas em EaD. A Tecnologia Educacional consegue se posicionar exatamente entre a teoria da cibercultura e a prática das tecnologias, servindo como instrumento para o professor em EaD.

O restante deste capítulo não procura tratar das distinções entre Web 2.0 e redes sociais, centra-se no uso pedagógico dessas ferramentas em EaD, e não na conexão entre pessoas.

Blogs

A pesquisa em blogs acadêmicos ou educativos, assim como a proposta de atividades para os alunos de construção de blogs, tem sido cada vez mais utilizada em EaD, inclusive no ensino fundamental e médio. A facilidade na criação e na publicação, a possibilidade de construção coletiva e o potencial de interação, inclusive com leitores desconhecidos, tornaram o blog uma ferramenta pedagógica importante na educação contemporânea.

Figura 4.5 Blog Mattar.

Fonte: <http://blog.joaomattar.com>.

Um blog pode ser pessoal ou coletivo, propor questões, publicar trabalhos em desenvolvimento e registrar links e comentários para outras fontes da Web. No meu blog "De Mattar",[6] há farto material sobre Tecnologia Educacional e EaD, e você está mais do que convidado a participar das discussões – será um prazer encontrá-lo por lá!

Alunos podem utilizar blogs para publicar textos produzidos em conjunto e comentários sobre outros textos, cujos próprios autores podem ser convidados a contribuir no blog. Professores podem utilizar blogs para fornecer informações atualizadas e comentários sobre suas áreas de especialidade, assim como propor questões, exercícios e links para outros sites.

Já são inúmeras as publicações referentes ao uso de blogs em educação. Rodrigues (2008) estuda o uso de blogs com alunos do ensino médio, concluindo que é pertinente utilizá-los como ferramenta pedagógica e que seu uso é motivador para os alunos, podendo gerar produções complexas e criativas. Bezerra (2008) pesquisou diversos blogs educativos e concluiu que a hipertextualidade, a interatividade e o dialogismo são elementos-chave presentes nos blogs para a construção de novos saberes. Kjellberg (2010) estudou o uso de blogs por pesquisadores e identificou diversas razões que os motivavam a blogar: a possibilidade de compartilhar conhecimento, o fato de o blog contribuir para a criatividade e fornecer um sentimento de estarem conectados em seu trabalho como pesquisadores. Particularmente, o blog serve como um catalisador criativo no trabalho dos pesquisadores, em que escrever desempenha um papel considerável, o que não é motivação tão proeminente em outros blogs profissionais.

Gomes (2005) diferencia o uso de blogs como recurso pedagógico do seu uso como estratégia pedagógica, conforme a Figura 4.6.

---

[6] Disponível em: <http://blog.joaomattar.com>. Acesso em: 30 jun. 2011.

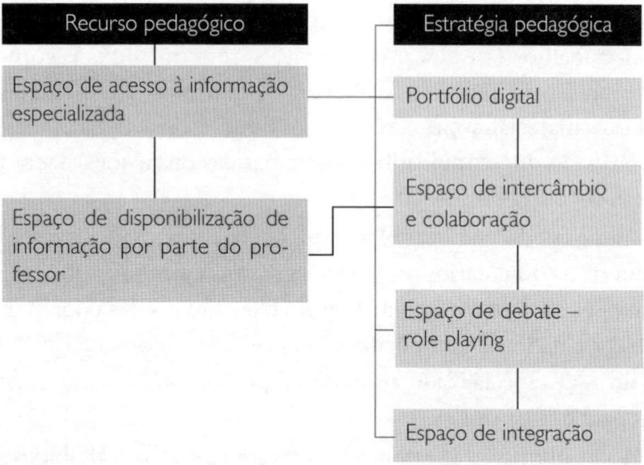

Figura 4.6 Uso de blogs.
Fonte: Elaborado a partir de Gomes (2005).

Richardson (2006) defende que os blogs podem ser utilizados no lugar de LMSs por escolas, podem ser criados pelos alunos (que assim podem refletir sobre o desenvolvimento de seus estudos), funcionar como e-portfólios, espaço colaborativo, ferramenta de comunicação interna e mesmo como site da escola. Ele explora também uma pedagogia dos blogs, ferramentas construtivistas por natureza, que expandem as paredes da sala de aula, arquivam o conhecimento, suportam diversos estilos de aprendizagem, podem ajudar no desenvolvimento de habilidades específicas e alfabetizam os alunos na linguagem da sociedade da informação. Os blogs teriam fundado um novo gênero de escrita, que o autor batiza de *connective writing* (escrita conectiva), que envolve ler, tomar decisões de edição, escrever e publicar.

Dois dos serviços mais populares para a produção e a publicação de um blog são Wordpress e Blogger (do Google). Cabe lembrar que o Moodle possui o recurso de criação e administração de blogs por parte dos alunos.

Twitter

Os microblogs, como o Twitter, são voltados para comentários pequenos, rápidos e com atualizações constantes. Além de cobrir eventos e transmitir informações, o Twitter tem sido também utilizado criativamente para interações e discussões. Na votação das melhores ferramentas para aprendizagem realizada anualmente pelo Centre for Learning & Performance Technologies,[7] por três anos consecutivos ele foi eleito como a melhor ferramenta. É uma excelente ferramenta para compartilhar links e fontes de informação. É possível buscar especialistas em diversos assuntos, assim como organizar listas por tópicos de interesse.

Sample (2009) discute diferentes usos do Twitter em um post muito interessante, propondo uma matriz de adoção da ferramenta em função da atividade do estudante (mais ativa ou passiva) e de atividades mais monológicas ou dialógicas. Professores podem tuitar avisos, lembretes e informações sobre o programa e o calendário do curso. Podem também solicitar feedback sobre o curso e oferecer atendimento aos alunos. Discussões podem ocorrer durante as aulas (em tempo real) ou depois, estendendo-se para além das paredes da sala, possibilitando assim o registro de diferentes pontos de vista. Podem ser discutidos textos, e o professor pode propor questões. Os alunos podem postar relatórios avaliando sua aprendizagem, articulando suas dificuldades ou recapitulando a lição mais importante do dia. Como em outras redes sociais, o Twitter possibilita a exposição dos alunos a uma audiência mais ampla, promovendo o senso crítico. Seu uso pode envolver os alunos mais tímidos e permite a construção de comunidades e a continuidade entre as aulas (Figura 4.7).

Inicialmente aos domingos (mas agora todos os dias), uma comunidade de brasileiros, portugueses e falantes de outras lín-

---

[7] Disponível em: <http://www.c4lpt.co.uk/recommended/2011.html>. Acesso em: 25 jun. 2011.

Dialógico

Canal de apoio em sala de aula Usos: Discussões em classe sobre o assunto, comentários em tempo real, registro de diferentes pontos de vista. Benefícios: Envolvimento dos alunos mais calados, armazenamento de comentários que de outra forma passariam despercebidos.	**Discussões fora da sala de aula** Usos: Ampliar as discussões em classe, trocar comentários sobre leituras ou perguntas sobre atribuições. Benefícios: Continuidade da construção da comunidade entre as aulas.	**Discussão direcionada dentro da sala de aula** Usos: Perguntas abertas ou direcionadas com as respostas dos alunos coletadas para análise posterior. Benefícios: Envolvimento de todos os alunos nas discussões em aulas teóricas extensas.
Atividades de monitoramento Usos: Encontrar e monitorar o instrutor, especialistas na área ou temas-chave. Benefícios: Exposição a uma discussão cultural mais ampla sobre o material de classe.	**Atividades ligeiramente estruturadas** Usos: Solicitar feedback do curso, oferecer horário de expediente ambiente, aula participativa, prática oral ou escrita. Benefícios: Flexibilidade, disponibilidade, escalabilidade.	**Atividades metacognitivas/ reflexivas** Usos: Os alunos comentam sobre sua autoaprendizagem, expõem suas dificuldades, recapitulam a lição mais importante do dia. Benefícios: Estimulam o pensamento crítico.
Comunicação institucional Usos: Ampliar o alcance da comunidade, alertas, avisos.	**Comunicação do instrutor** Usos: Avisos, alterações curriculares, lembretes.	**Comunicação pedagógica** Usos: Compartilhar links e recursos adequados.

Monológico

Passivo — Atividade do aluno — Ativo

Figura 4.7 Usos do Twitter.

Fonte: Texto original Twitter Adaption Matrix, de Rick Reo, adaptado por Mark Sample no site www.samplereality.com.

guas se reúne livremente no Twitter para discutir EaD. Basta você fazer uma busca pela tag #eadsunday[8] e começar a participar!

[8] Disponível em: <http://twitter.com/#!/search/eadsunday>. Acesso em: 30 jun. 2011.

Tenho utilizado intensamente o Twitter[9] em diversas experiências. No Shorty Awards 2010, um concurso para premiar no Twitter os melhores produtores de conteúdo reduzido (até 140 caracteres) em tempo real, terminei em segundo lugar na categoria educação, entre 835 indicados e votados do mundo todo.

No final de 2010, Santaella e Ramos publicaram *Redes sociais digitais: a cognição conectiva do Twitter*, em que estudam propriedades comunicacionais do microblog, refletindo questões teóricas e práticas geradas pelas redes digitais.

RSS

Tanto no caso de blogs quanto de microblogs, como já vimos, é possível o uso bastante criativo de leitores de feeds e RSSs tanto no Moodle como em outras ferramentas.

Richardson (2006) sugere diversos usos de RSSs em sala de aula, tal como acompanhar os blogs dos alunos e orientá-los a montarem seus leitores, além de criar feeds RSSs a partir de buscas e alertas no Google.

Hendron (2008) apresenta várias opções disponíveis para gerenciar notícias e informações da Web. É possível agregar informações usando RSSs de três maneiras: no desktop, na Web e no navegador. É ainda possível misturar feeds customizados de diferentes fontes, agregar e desagregar feeds, criando uma nova página da Web com as fontes de informações que lhe interessam.

O Netvibes é uma ferramenta extremamente poderosa para administrar a leitura de feeds, além de oferecer vários outros recursos, como acesso a diferentes caixas de e-mail, busca, notas, backup etc (Figura 4.8).

Wiki

O wiki é um software colaborativo que permite a edição coletiva de documentos de uma maneira simples. Em geral, não é necessário

9 Disponível em: <http://twitter.com/joaomattar>. Acesso em: 30 jun. 2011.

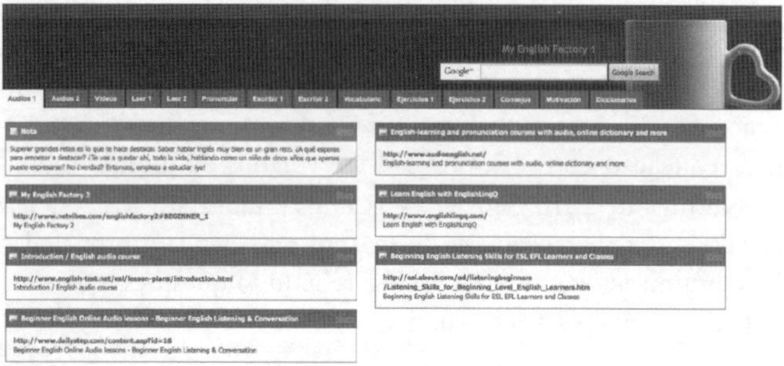

Figura 4.8 Netvibes.

Fonte: Monica Tapia Stocker (El Blog para aprender inglés). Disponível em: <http://www.netvibes.com/monicatstocker#Audios_1>. Acesso em: 28 jul. 2011.

registro e todos os usuários podem alterar os textos, sem que haja revisão antes de as modificações serem aceitas. Portanto, o que diferencia o wiki da criação simples de uma página é o fato de ela ser editável. Enquanto uma página da Web praticamente somente o autor pode alterar, incluir conteúdo e modificar, no wiki qualquer pessoa cadastrada no sistema pode também fazê-lo. Dessa maneira, a construção colaborativa do conhecimento fica muito mais facilitada, assim como a atividade de tornar públicas ideias. Entretanto, há vários desafios no uso de wikis em EaD: desenhar atividades motivadoras e significativas, estratégias para avaliação e produção de aprendizagem, entre outras.

O programa do 7º Seminário Nacional ABED de Educação a Distância (Senaed),[10] realizado totalmente on-line em 2009, foi desenvolvido colaborativamente por vários educadores e palestrantes utilizando um wiki, o MediaWiki, o mesmo software que suporta a Wikipédia (Figura 4.9).

Durante a Jornada Virtual ABED de Educação a Distância (Jovaed), coordenei uma atividade em que criamos e editamos verbetes relacionados à EaD na Wikipédia.[11]

---

[10] Disponível em: <http://www.joaomattar.com/7senaed/index.php?title=Programa>. Acesso em: 25 jun. 2011.

[11] As orientações e registros do trabalho estão desenvolvidos e disponíveis em: <https://docs.google.com/document/pub?id=1NJvv3A2sWQgKTzG3NzIExBl63wm5-h4lM3GaQ8-xHMQ&pli=1>. Acesso em: 25 jun. 2011.

	Ferramenta	Tema / Título
celka, Jessé Abreu	Second Life	Treinamento para Iniciantes no Second Life
r, Fredric Michael Litto	WebCast ISAT	Abertura do 7º SENAED
el Moran, Fredric Michael Chaves Filho	WebCast ISAT	Regulamentação do MEC para a EaD
emmer, Equipe GP e-du CNPq	Second Life	Ensino e Aprendizagem em Metaverso - ABERTURA - Confraternização no espaço do GP e-du
esini, Biancaluce Robiani e iino	Second Life	Apresentação do espaço da ABED no Second Life, A simulação do ambiente de trabalho em 3D como ferramenta educacional & Simulação de procedimentos médicos no Second Life
eira Rocha, Flávio Navarro	Moodle e WebConferência Wemídia	Possibilidades de interação e colaboração, on-line, no ambiente Moodle
eira Rocha, Flávio Navarro Maria Alice Soares	Moodle e WebConferência Wemídia	Por que o plano de carreira é uma questão crucial na EaD?

Figura 4.9 Programa do 7º Senaed.

Fonte: <http://www.joaomattar.com/7senaed/index.php?title=Programa> acesso em: 20 Jul. 2011.

Facebook

O Facebook lançou, em 2011, uma série de recursos e orientações para educadores, com o Facebook for Educator.[12] É possível baixar o guia Facebook for Educators (PHILLIPS; BAIRD; FOGG, 2011).

A página inicial do Facebook é específica para cada membro, mostrando feeds de notícias em função de suas preferências. Esse stream corre com atualizações, fotos, links e comentários de seus amigos. Mostra também atualizações de páginas que você curte ou grupos a que você pertence. É interessante lembrar a opção de se criar um perfil específico para atividades educacionais.

Grupos são espaços on-line onde as pessoas podem interagir e compartilhar. É uma maneira de alunos trabalharem em projetos colaborativos entre eles e com o professor. É possível criar grupos abertos, privados e fechados, o que ajuda a preservar a privacidade de seus membros e dos temas discutidos. Quando um membro posta algo no grupo, como um link para um artigo, uma questão ou uma atividade, outros membros receberão uma mensagem ou texto do Facebook com essa atualização. Essa seria uma oportunidade para estender a aprendizagem para fora das paredes da sala de

12 Disponível em: <http://facebookforeducators.org/>. Acesso em: 30 jun. 2011.

aula tradicional ou mesmo do LMS. Deve-se lembrar que o Facebook já tem sido utilizado em dispositivos móveis, o que amplia ainda mais o poder de alcance dessas interações.[13]

Páginas, por sua vez, permitem interações entre membros do Facebook, o que pode incluir alunos e seus pais. Uma página no Facebook é pública, ou seja, qualquer um pode curti-la, passando a receber atualizações de seu conteúdo em seu feed de notícias. Páginas são, portanto, uma maneira simples de professores e alunos compartilharem links, artigos, vídeos ou feeds RSS. As páginas no Facebook possuem ainda características colaborativas, como notas (posts em blogs) e comentários. Há ainda vários outros aplicativos que podem ser adicionados às páginas do Facebook. Essas características permitem também que você estenda o ensino para além da sala de aula. Você pode, por exemplo, continuar uma discussão que começou em aula, assim como criar uma página para sua classe, e seus alunos podem curtir páginas que outros criaram.

O Facebook também converte automaticamente o conteúdo da Web em format mobile, possibilitando assim que os alunos acessem o material de onde estiverem, em tablets ou celulares.

O *Proyecto Facebook* foi realizado na Universidad de Buenos Aires, em 2009. Piscitelli, Adaime e Binder (2010) apresentam uma descrição de sua metodologia, seu funcionamento e alguns resultados, com inúmeras reflexões e sugestões não apenas do uso do Facebook em educação, mas também de redes sociais em um sentido mais amplo. O projeto procurou construir um ambiente colaborativo e aberto em educação, dentro da proposta de modelo de EaD deste livro. Na Introdução, os autores (2010, p. XVII) afirmam: "O Projeto Facebook demonstrou que o que importa não são tanto os conteúdos, nem os meios ou suportes, mas uma reengenharia radical do espaço áulico, no verdadeiro sentido da palavra", ou seja, do design educacional, como concebido neste livro. Pode-se dizer que o Facebook transformou-se, durante o projeto, em um alfabetizador 2.0.

---

[13] Disponível em: <https://www.facebook.com/jovaed>. Acesso em: 04 jul. 2011.

Mais sobre EaD

Várias páginas úteis do Facebook:

- British Museum, disponível em: <http://www.facebook.com/british-museum>
- Discovery Channel Global Education, disponível em: <http://www.facebook.com/DCGEP>
- Encyclopaedia Britannica, disponível em: <http://www.facebook.com/BRITANNICA>
- Facebook in Education, disponível em: <http://www.facebook.com/education>
- Library of Congress, disponível em: <http://www.facebook.com/libraryofcongress>
- Musée du Louvre, disponível em: <http://www.facebook.com/mu-seedulouvre>
- NASA, disponível em: <http://www.facebook.com/NASA>
- National Geographic Education, disponível em: <http://www.face-book.com/natgeoeducation>
- Smithsonian Institution, disponível em: <http://www.facebook.com/SmithsonianInstitution>
- United Nations Educational Scientific and Cultural Organizations, disponível em: <http://www.facebook.com/pages/United-Nations-Educational-Scientific-and-Cultural-Organization-UNESCO/51626468389>

YouTube

O crescimento do fenômeno de vídeos baseados na Web, do qual o YouTube é um ícone, ampliou o repositório de conteúdo livre que pode ser utilizado em EaD. O YouTube Edu,[14] por exemplo, agrega vídeos e canais de faculdades e universidades. Nunca antes foi tão fácil localizar, produzir e distribuir vídeos on-line. Diversas instituições de ensino têm também disponibilizado vídeos na Web. Isso abre interessantes possibilidades para o ensino, o aprendizado e o design de cursos, presenciais e a distância. Como vimos, vídeos e listas de reprodução podem ser também inseridos em AVAs, como o Moodle, com bastante eficácia.

---

[14] Disponível em: <http://www.youtube.com/edu>. Acesso em: 30 jun. 2011.

Percebe-se também a crescente importância dos vídeos caseiros em educação. Hoje praticamente qualquer um pode capturar, editar e compartilhar pequenos videoclipes, utilizando equipamentos baratos (como celulares) e softwares gratuitos e livres. Sites de compartilhamento de vídeos têm crescido bastante, e o que costumava ser difícil e caro tornou-se algo que qualquer um pode realizar fácil e praticamente sem custo.

Além do YouTube, podem ser mencionados outros serviços de vídeos educacionais na Web, como: iTunesU (Apple), Academic Earth, Edutopia e TeacherTube.

Utilizando recursos como o de comentários, respostas por vídeos e comunicação, disponíveis nessas plataformas, é possível transformá-las em ambientes virtuais de aprendizagem. Na Jovaed realizada em junho de 2011, Joelma de Riz coordenou a atividade "Aspectos psicossociais em atividades em grupo na EaD", toda realizada no YouTube. O participante pôde integrar o debate enviando seu vídeo ou comentário em texto para o canal do YouTube em que Joelma postou alguns vídeos para começar a conversa.

Chareen Snelson, que apresentou durante a Jovaed a conferência "On-line Videos in Education", mantém uma interessante página[15] com uma coleção de links para recursos do YouTube e vídeos baseados na Web.

Skype

Cabe também lembrar a importância que ferramentas de comunicação instantânea por voz, como o MSN e o Skype, adquiriram em EaD. Hoje é possível comunicar-se gratuitamente com pessoas de todo o mundo, e muitos professores têm utilizado o Skype como plataforma para EaD.

Skype in the classroom[16] é uma comunidade aberta que procura auxiliar professores a utilizar o Skype para ajudar os alunos na aprendizagem e também para se comunicarem e comparti-

---

[15] Disponível em: <http://edtech.boisestate.edu/snelsonc/youtube.html>. Acesso em: 25 jun. 2011.

[16] Disponível em: <http://education.skype.com/>. Acesso em: 25 jun. 2011.

lharem experiências. É uma iniciativa global, lançada em 2011, em função do crescente número de professores que utilizam o Skype na educação. A partir de sua conta do Skype, você pode criar seu perfil, procurar professores com interesses comuns, criar um projeto para uso da ferramenta em educação e compartilhar recursos, entre outras atividades.

Apresentações

Compartilhar apresentações tornou-se bastante comum na Web 2.0, e o Slideshare tem sido uma das plataformas mais utilizada para esse objetivo. Dessa maneira, as pessoas que assistem a uma apresentação podem ter acesso imediato aos slides, e quem não teve a oportunidade de assistir à apresentação pode também usufruir de algumas informações. Além disso, é possível buscar pessoas, escolher favoritos, fazer upload de vídeos e documentos e fazer comentários a arquivos postados (Figura 4.10).

Mais recentemente o Prezi[17] vem sendo bastante utilizado para a elaboração de apresentações mais dinâmicas, que permitem a navegação por slides utilizando a técnica de zoom, como se estivéssemos passeando por um mapa. É possível prezificar seus slides de PowerPoint.

Nos dois casos, essas plataformas acabam funcionando como ambientes de aprendizagem.

Google

Alguns autores defendem que as ferramentas da Web 2.0 do Google tendem a gerar uma revolução na EaD.[18] O gmail merece destaque nesse sentido, por sua integração às demais ferramentas do Google.

[17] Disponível em: <http://prezi.com/#prezi>. Acesso em: 25 jun. 2011.

[18] Cf. Google Earth for educators, disponível em: <http://www.google.com/educators/p_earth.html>. Acesso em: 30 jun. 2011; CARTER, D. Has Google developed the next wave of online education? *eSchool News*, 19 jan. 2010. Disponível em: <http://www.eschoolnews.com/2010/01/19/has-google-developed-the-next-wave-of-online-education/?>. Acesso em: 30 jun. 2011.

Figura 4.10 Slideshare de João Mattar.

Fonte: <http://www.slideshare.net/joaomattar/games-em-educao-como-os-nativos-digitais-aprendem-desenvolvido> Acesso em jul. 2011.

Aqui, novamente, observamos a interação conteúdo/conteúdo.

O Google Alerts[19] pode ser utilizado tanto na forma de leitor de feeds quanto de envio de e-mails, para gerar alertas de determinado tema ou autor de interesse do professor, do aluno ou do curso.

O Google Docs é uma plataforma extremamente robusta para a utilização em EaD. É possível criar documentos, planilhas, apresentações e desenhos que são automaticamente gravados nos servidores do Google, além de compartilhá-los com outras pessoas, que podem ser convidadas apenas para visualizar os arquivos ou também como editores. A criação e o compartilhamento de pastas permitem que todos esses tipos de arquivo sejam compartilhados por um grupo ou uma classe. Pode ser feito upload de arquivos desenvolvidos em formatos diversos, como o Microsoft Office, e

19 Disponível em: <http://www.google.com/alerts>. Acesso em: 25 jun. 2011.

os arquivos do Google Docs podem também ser baixados nesses formatos. É possível também verificar as alterações feitas nas versões anteriores dos documentos, retornando a elas caso desejado.

O programa da Jovaed, realizado em junho de 2011, foi elaborado utilizando o Google Docs. Arquivos de planejamento foram inicialmente compartilhados pela comissão organizadora, que produziu então colaborativamente um programa em formato de planilha.

Cada atividade do programa, por sua vez, tinha um link para um documento também desenvolvido no Google Docs, ao qual os coordenadores das atividades foram convidados como editores, para preencherem as informações como resumo e orientações para acesso às informações e participação nas atividades.

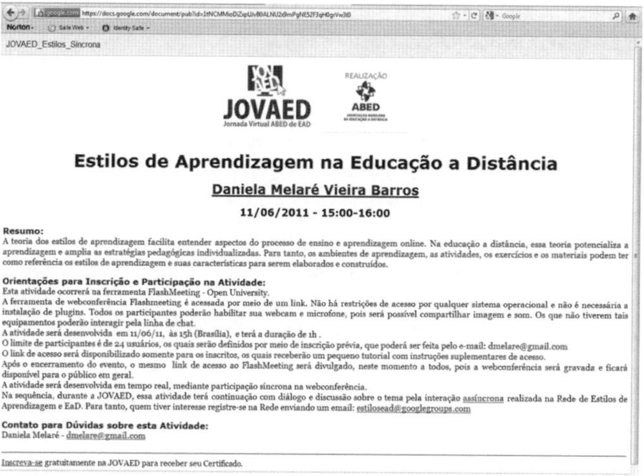
https://docs.google.com/document/pub?id=1tNCMMioDiZxpUJvB0ALNU2x9mPgNE52F3qH0grVw3t0

Norton - Safe Web - Identity Safe -

JOVAED_Estilos_Sincrona

JOVAED
Jornada Virtual ABED de EAD

REALIZAÇÃO
ABED

Estilos de Aprendizagem na Educação a Distância

Daniela Melaré Vieira Barros

11/06/2011 - 15:00-16:00

Resumo:
A teoria dos estilos de aprendizagem facilita entender aspectos do processo de ensino e aprendizagem online. Na educação a distância, essa teoria potencializa a aprendizagem e amplia as estratégias pedagógicas individualizadas. Para tanto, os ambientes de aprendizagem, as atividades, os exercícios e os materiais podem ter como referência os estilos de aprendizagem e suas características para serem elaborados e construídos.

Orientações para Inscrição e Participação na Atividade:
Esta atividade ocorrerá na ferramenta FlashMeeting - Open University.
A ferramenta de webconferência Flashmeeting é acessada por meio de um link. Não há restrições de acesso por qualquer sistema operacional e não é necessária a instalação de plugins. Todos os participantes poderão habilitar sua webcam e microfone, pois será possível compartilhar imagem e som. Os que não tiverem tais equipamentos poderão interagir pela linha de chat.
A atividade será desenvolvida em 11/06/11, às 15h (Brasília), e terá a duração de 1h .
O limite de participantes é de 24 usuários, os quais serão definidos por meio de inscrição prévia, que poderá ser feita pelo e-mail: dmelare@gmail.com
O link de acesso será disponibilizado somente para os inscritos, os quais receberão um pequeno tutorial com instruções suplementares de acesso.
Após o encerramento do evento, o mesmo link de acesso ao FlashMeeting será divulgado, neste momento a todos, pois a webconferência será gravada e ficará disponível para o público em geral.
A atividade será desenvolvida em tempo real, mediante participação síncrona na webconferência.
Na sequência, durante a JOVAED, essa atividade terá continuação com diálogo e discussão sobre o tema pela interação assíncrona realizada na Rede de Estilos de Aprendizagem e EaD. Para tanto, quem tiver interesse registre-se na Rede enviando um email: estilosead@googlegroups.com

Contato para Dúvidas sobre esta Atividade:
Daniela Melaré - dmelare@gmail.com

Inscreva-se gratuitamente na JOVAED para receber seu Certificado.

Figura 4.11 Estilos Jovaed.

Fonte: Programa da Jovaed.

Dessa maneira, foi possível produzir, em pouco tempo, um programa com dezenas de atividades síncronas e assíncronas a distância, com a participação de inúmeros especialistas em EaD, do Brasil e do exterior.

No Brasil, em fevereiro de 2011, a Universidade Anhanguera anunciou a adoção do Google Apps, um ambiente virtual colaborativo que reúne diversos serviços oferecidos pelo Google para uso educacional, apostando que, a médio prazo, ele possa se tornar sua plataforma educacional, em substituição ao Moodle.

Percebe-se, assim, que as diversas ferramentas oferecidas pelo Google podem substituir os AVAs, funcionando como plataformas virtuais de aprendizagem.

Mundos virtuais 3D

Mundos virtuais 3D têm sido também cada vez mais utilizados como plataformas de educação e EaD.

Em *Second Life e Web 2.0 na educação* (2007), eu e o professor Valente fizemos uma avaliação teórica sobre o uso da Web 2.0, mundos virtuais e particularmente o Second Life, cobrindo vários usos do ambiente no Brasil e no exterior. No livro *Games em educação* (2009), incluí o apêndice "Second Life e educação", que atualizou os registros do livro anterior.

Lim (2009) apresenta seis diferentes tipos de aprendizagem que podem ser desenvolvidas em mundos virtuais: *Learning by exploring*, *Learning by collaborating*, *Learning by being*, *Learning by building*, *Learning by championing* e *Learning by expressing*. *Lear ning by exploring* é o aprendizado que resulta da exploração de instalações, comunidades e ambientes no mundo virtual. *Learning by collaborating* é o aprendizado que resulta do trabalho em grupo dos alunos. *Learning by being* é o aprendizado que resulta da exploração do *self* e da identidade. *Learning by building* é o aprendizado que resulta de tarefas que requerem que o aprendiz construa objetos e/ou crie códigos (scripts) para eles. *Learning by championing* refere-se às muitas iniciativas de várias comunidades nos mundos virtuais, para adotar, defender e evangelizar causas da vida real. Finalmente, *learning by expressing* foca mais a representação de uma atividade do mundo virtual para o mundo exterior, ou seja, para uma audiência que não está necessariamente no mundo virtual (Figura 4.12).

O Grupo de Pesquisa Educação Digital – GP e-du Unisinos/CNPq utiliza mundos virtuais para a formação de professores bem antes da criação do Second Life. Nos últimos anos, o grupo tornou-se referência nacional e internacional no uso do Second Life em educação, desenvolvendo inúmeras pesquisas e realizando trabalhos de formação docente. Liderado por Schlemmer (2010), o grupo desenvolveu um projeto de formação docente para 13 instituições da Rede de Instituições Católicas de Ensino Superior (Ricesu), utilizando o Second Life. Os resultados do projeto indicam que os participantes puderam experimentar a telepresença e a presença digital virtual, o que lhes permitiu realizar ações e utilizar diferentes formas de comunicação (linguagem oral, textual, gestual e gráfica) na interação com os demais avatares, ampliando e tornando mais intensos os sentimentos de

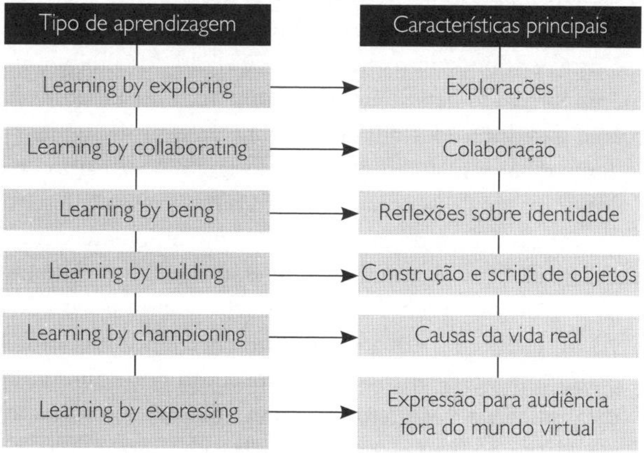

Tipo de aprendizagem
Características principais
Learning by exploring
Explorações
Learning by collaborating
Colaboração
Learning by being
Reflexões sobre identidade
Learning by building
Construção e script de objetos
Learning by championing
Causas da vida real
Learning by expressing
Expressão para audiência fora do mundo virtual

Figura 4.12 Tipos de aprendizagem em mundos virtuais.

Fonte: Elaborado a partir de Lim (2009).

presença, proximidade, imersão e realidade. Schlemmer conclui que os processos de formação, capacitação e ação pedagógica em rede tornam-se mais significativos do ponto de vista da aprendizagem, pois os participantes configuram juntos um Espaço de Convivência Digital Virtual (Ecodi).

Vários trabalhos acadêmicos têm sido produzidos nos últimos anos no Brasil sobre o uso do Second Life como plataforma em educação.

A pesquisa de Gomes (2008), que utiliza como referencial teórico a análise do discurso, compara o ambiente virtual da Unisul Virtual com o Second Life em dois cursos, analisando as atuações dos autores, tutores e alunos. A autora conclui que o Second Life é um ambiente mais adequado para a oferta de cursos abertos e a realização de atividades síncronas, cooperação e autoria, possibilitando novas formas de fazer pedagógico, produção e compartilhamento do conhecimento.

O trabalho de Gecelka (2009), cuja defesa foi realizada no próprio Second Life e aberta ao público, analisou o planejamento, o desenvolvimento, a execução e os resultados de um curso oferecido na ilha do Sebrae. O autor conclui que, no Second Life, o professor pode visualizar o aprendizado dos alunos em um ambiente virtual lúdico, rompendo assim com uma característica marcante da educação a distância: o fato de o professor não poder acompanhar visualmente a aprendizagem. A avaliação de um dos alunos, ao final do curso (GECELKA, 2009, p. 50), reforça algumas características do Second Life como ambiente virtual de aprendizagem: "Gostei muito das aulas, foram 100% interativas, pude aprender muito sobre o SL... percebi que o método de ensino via SL é tão eficaz quanto um presencial, pois disponibiliza para o aluno imagens em *slide* ao vivo, áudio do professor, interatividade síncrona e assíncrona com os colegas e o professor".

Corrêa (2009) analisa o modo pelo qual interações sociais cada vez mais complexas são permeadas pelo físico e pelo virtual. A pesquisa mostra como os processos de interação e comunicação, mediados por tecnologias hipermidiáticas como o Second Life, possibilitam novas formas de construção do conhecimento.

A pesquisa de Fernandes (2010) explora o uso do Second Life no ensino de ciências e biologia. A interação com os recursos nativos do próprio mundo virtual permite estruturar uma nova forma de pensar, hipertextual. Segundo o autor, a interface tridimensional do Second Life proporciona novos modos de interação e comunicação. A navegação torna-se imersão: navegar não é mais preciso quando se pode caminhar, correr, voar e até mesmo se teletransportar para caminhos construídos pelos próprios usuários. O Second Life possibilitaria assim novos modos de contato com a informação, que se encontra agora na forma de objetos multimeios e nas relações entre os usuários.

A investigação de Pires (2010) conclui que, ao contrário da telepresença, um mero deslocamento da voz e/ou da imagem, a criação de identidades digitais virtuais no Second Life, faz que o usuário se sinta envolvido em uma experiência imersiva e interativa mais rica, propiciada pela sensação de ser o avatar e pertencer ao ambiente. No Second Life, o estar junto virtual síncrono, juntamente com a possibilidade de expressar a corporalidade e criar identidades digitais virtuais por meio de avatares, aumenta o sentimento de presença e de pertencimento, contribuindo para a superação do paradigma da distância e da falta de presença física na educação on-line.

A pesquisa de Andrea Corrêa Silva (2010) analisa como o design de interação pode ser utilizado para tornar eficiente a integração entre LMSs baseados na Web e mundos virtuais 3D, nos quais as interfaces são desenvolvidas de forma emergente pelos usuários, e não necessariamente por designers.

Junto com Marty Keltz, fundador do Virtual Worlds Story Project e da StartledCat, escrevi o artigo "Second Life nos negócios: reimaginando broadcasting" (KELTZ; MATTAR, 2010), que explora o uso de mundos virtuais em administração e marketing. Defendemos no artigo que o negócio de mundos virtuais em geral, e do Second Life em particular, é o broadcasting. Quando assistimos à televisão e ouvimos o rádio, imergimos e nos envolvemos num mundo virtual. Em mundos virtuais, como o Second Life, a presença dentro da história é real. Você é você, mas também um personagem, um escritor, o produtor e o diretor. A história é contada em tempo real. Você não assiste à história depois: você a vive agora. Você é a história!

No Virtual Worlds Best Practices in Education, de 2011, coordenei pelo terceiro ano consecutivo uma sessão de atividades em língua portuguesa no Second Life, brilhantemente moderadas por Mário Camarão (Rea Life – RL) Mneto Babenco (Second Life – SL).

Sessões em língua portuguesa no Virtual Worlds Best Practices in Education

Cultura e música brasileira
Ilha da Educação.

Luis Paulo (RL) prof. homebuilder (SL)
O OBSUNI na Ilha da Educação

Andréa Corrêa Silva (RL) Aerdna Beaumont (SL)
Romano Flow (SL) Romero Tori (RL)
Entendendo a nomenclatura ou ferramentas: o professor em um mundo virtual 3D

Cilene A. Mainente Lora (RL) Cilene Violet (SL)
Romano Flow (SL) Romero Tori (RL)
Ae3D: conectando mundos virtuais a ambientes virtuais de aprendizagem on-line

Casimiro Pinto (RL) Campwater Piek (SL)
Paula Justiça (RL) Paula J. Galicia (SL)
Adelina Silva (RL) Ams Rain (SL)
Utilização das Tic e do Sl no desenvolvimento de atividades lúdico-educativas

Suzana Guedes Cardoso (RL) Lindinha Kamala (SL)
Web 2.0: regime de imersão e mediações interatores

Eliane Schlemmer (RL) Violet Ladybird (SL) Amarolinda Saccol (RL) Vida Scientist (SL) O uso do Metaverso Second Life em programas de pós-graduação em mestrado e doutorado
Simone Queiroga (RL) Sunset Quinnell (SL) Exposição 8 DE NÓS
Ana Loureiro (RL) Anitia Loire (SL) Teresa Bettencourt (RL) Cleo Bekkers (SL) O uso de mundos virtuais como uma sala de aula estendida
Isa Seppi (RL) Janjii Rugani (SL) Imersão em Peace_ Janjii's Dreamland: experiências estéticas na Second Life
Coquetel & Show Musical (com DJ) de Encerramento das Sessões em Língua Portuguesa Peace - Janjii's Dreamland

Fonte: Virtual Worlds Best Practices in Education, 2011.

Ao final, cumpri uma promessa antiga: criei uma lista de discussão no Google Groups sobre o uso do Second Life em educação em língua portuguesa. O SLEDp é um grupo de usuários que experimentam com Educação, Cultura, Artes, Games e outras mídias no Second Life, ou que têm interesse nessas experiências. O objetivo do grupo é reunir esses educadores para compartilharmos nossas experiências.[20]

É importante também registrar que, no primeiro semestre de 2010, a Boise State University ofereceu, pela primeira vez, o curso "Teaching mathematics in virtual worlds", ministrado no Second Life por Randall Holmes. Aliás, a Boise utiliza o Second Life para encontros semanais síncronos entre professores e alunos em diversas disciplinas, oferecidas em seus cursos on-line de mestrado em Tecnologia Educacional. Esses encontros ocorrem na ilha que a universidade possui no Second Life, criando assim

[20] Para participar do grupo, acesse: <https://groups.google.com/group/sledp/>. Acesso em: 30 jun. 2011.

uma dimensão muito mais ampla do que as atividades restritas ao Moodle, LMS adotado hoje em dia pela Boise.

No capítulo intitulado "Technological minimalism *versus* Second Life: time for content minimalism", escrito por mim no recém-publicado *Virtual worlds and metaverse platforms: new communication and identity paradigms* (In: ZAGALO; MORGADO; BOA-VENTURA, 2011), discuto uma resistência contra o uso do Second Life em educação, baseada na teoria do minimalismo tecnológico. Os principais argumentos por trás dessa resistência e os conceitos básicos da teoria são discutidos seguidos de uma crítica de um exemplo da aplicação do minimalismo tecnológico ao uso do Second Life em educação. O minimalismo tecnológico defende o mínimo uso da tecnologia necessário para transmitir conteúdo. O capítulo argumenta que, no estágio atual do uso de tecnologias educacionais, ferramentas educacionais potenciais não devem ser escolhidas com base nesse critério. A tecnologia e a educação não podem mais ser facilmente separadas. Em conclusão, o capítulo sugere uma nova forma de minimalismo: minimalismo do conteúdo.

Qual é o futuro da educação no Second Life? Logo que a Linden Lab anunciou que, a partir de janeiro de 2011, não haveria mais desconto de 50% nas mensalidades de instituições educacionais teve início uma intensa discussão. Um grupo de pioneiros no uso do Second Life em educação, que vem participando ativamente da Second Life Educators List (SLED), rapidamente se reuniu e organizou o OpenSim Education Grid (OSEG), cujo objetivo é criar um espaço comum para educadores no Open Simulator (OpenSim), uma plataforma virtual 3D gratuita e de código aberto. De uma discussão inicial, podemos dizer que hoje estamos assistindo a uma migração em massa do Second Life para o OpenSim.

Todavia, os desafios são muito grandes. Em primeiro lugar, há um problema de direitos autorais, já que muitas coisas foram produzidas colaborativamente no Second Life, sem que muitas vezes saibamos nem mesmo quem é o autor de partes dos objetos ou scripts. Além disso, o contrato de uso do Second Life implica que o que foi produzido lá só pode ser usado lá, ou seja, não pode ser transferido para outra plataforma. Instituições de ensino não podem obviamente correr esses riscos. Mesmo que isso não fosse um problema, há também um desafio técnico na transferência do que foi construído no Second Life para outros ambientes, como o OpenSim – não é imediato e fácil, talvez até inviável em muitos casos. Ou seja, tudo o que construímos nesses anos no Second Life estaria condenado a ficar por lá e até mesmo ser enterrado. Além de tudo isso, o OpenSim é ainda um ambiente caótico, que estamos apenas começando a explorar, ou seja, não está tão maduro para o uso educacional como o Second Life, e não realizamos por lá ainda a mesma quantidade de experiências que realizamos em todos esses anos no Second Life. Nesse sentido, este é um momento de decepção para os educadores que vêm trabalhando intensamente no Second Life nos últimos anos, constantemente criticados por muitos. Mas, ao mesmo tempo, vivemos um momento de esperança de que os mundos virtuais 3D tornem-se mais acessíveis e fáceis de utilizar com plataformas abertas.

Paradoxalmente, estamos assistindo, neste momento, à chegada de muitos educadores brasileiros ao Second Life. Em face disso, como aqueles que foram pioneiros e já exploraram intensamente o ambiente deveriam proceder? Simplesmente dizer que não é hora de entrar no Second Life e que o ideal seria explorar agora o Open Simulator não parece ser a postura mais adequada. Em primeiro lugar, isso gera uma decepção muito grande, porque esses educadores levaram um tempo até serem convencidos de que valeria a pena explorar o potencial dos mundos virtuais 3D em educação, e agora nós, que já estamos fazendo isso há algum tempo, desfaríamos todo esse entusiasmo dizendo que temos que abandonar o Second Life? Penso que é uma obrigação e um compromisso desses pioneiros permanecerem no Second Life, mesmo com o corte dos descontos, orientando adequadamente aqueles que estão chegando sobre o que pode ser feito por lá. Mesmo porque, como já foi dito, ainda não sabemos muito bem o que fazer nesse outro ambiente para o qual teríamos o ímpeto inicial de direcioná-los. Além disso, é claro, cabe a esses pioneiros explorar o Open Simulator, que ainda é uma incógnita, pois não está formatado e preparado como está o Second Life. Ou seja, temos que ter uma postura um tanto quanto esquizofrênica, permanecendo para orientar os novatos no Second Life e ao mesmo tempo explorando um novo ambiente, o Open Simulator. É nossa obrigação também procurar influenciar os requisitos de um novo sistema 3D aberto e gratuito, que seja adequado para a educação, o que podemos começar a fazer nessa experiência com o OpenSim.

Nesse sentido, tive o prazer de participar recentemente da banca de mestrado de Carlos Eduardo Ferrão de Azevedo na Universidade Federal do Rio de Janeiro (UFRJ). "Proposta de uma aplicação de mundos virtuais com focos: tecnológico, social e educacional" talvez seja a primeira pesquisa consistente sobre o uso do Open Simulator no Brasil. Carlos realizou um trabalho com alunos do ensino médio, em uma escola pública no Rio de Janeiro, que envolveu o desenvolvimento de cenários (ilhas) e objetos 3D com a contribuição de alunos de outra escola. Entre outras atividades, os alunos puderam reconstruir dois contos utilizando os objetos disponibilizados no Open Sim, que foi usado de três maneiras: em um computador isolado, em rede na escola e com acesso virtual. A pesquisa mostrou que é possível trabalhar com mundos virtuais 3D em instituições de ensino brasileiras mesmo com limitações tecnológicas, como de banda e hardware. Os resultados foram também muito interessantes, incluindo a motivação de professores e alunos, o desenvolvimento do trabalho interdisciplinar, a descoberta de novas vocações por parte dos alunos e o incentivo para os professores para a criatividade na estruturação de atividades e do currículo.

Por fim, cabe registrar que o Simulation Linked Object Oriented Dynamic Learning Environment (Sloodle) é um projeto de código aberto e gratuito que permite a integração entre o Moodle e o ambiente virtual 3D Second Life. Chats de texto realizados no Second Life podem ser gravados no Moodle, assim como a resposta a atividades propostas no Second Life (Figura 4.14). Outras iniciativas têm sido desenvolvidas para possibilitar a integração entre LMSs e mundos virtuais.

A Figura 4.13 classifica alguns dos principais ambientes discutidos até agora neste capítulo:

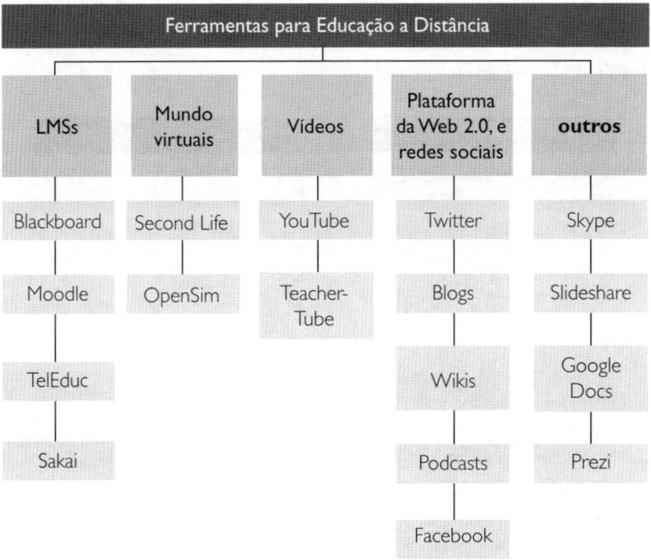

Figura 4.13 Ambientes Colaborativos para EaD.

Figura 4.14 Sloodle.

Fonte: <http://www.sloodle.org/moodle/>. Acesso em 20 jul. 2011.

Games

The Horizon Report (JOHNSON et al., 2011) prevê um tempo de adoção de dois a três anos para a aprendizagem baseada em games. No livro *Games em educação* (2009), faço uma revisão dos principais teóricos sobre o uso de games em educação – David Gibson, David Shaffer, Clark Aldrich, Ian Bogost, Marc Prensky, James Paul Gee e Mihaly Csikszentmihalyi, cujas principais ideias são representadas na Figura 4.15 a seguir.

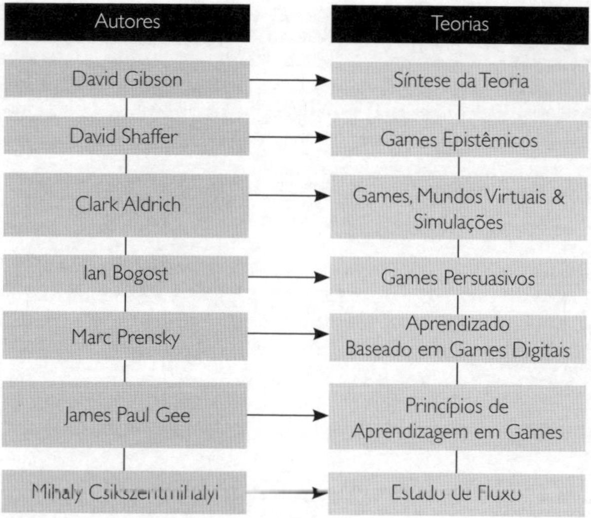

FIGURA 4.15 Autores e suas teorias sobre games.
Fonte: Elaborado com base em Mattar (2009b).

Além das teorias, também exploro no livro diversos cases no Brasil e no exterior, em que games foram utilizados em educação, assim como os resultados obtidos com essas experiências. Atualizo, a seguir, algumas informações e cases não abordados no livro.

O game Enem – Guia do Estudante das Galáxias –[21] permite que o aluno se prepare para o Exame Nacional do Ensino Médio (Enem), divertindo-se.

Quest to Learn[22] é uma escola de ensino fundamental em Nova York, cujo currículo é todo baseado em games. O vídeo "Escola de NY tem ensino baseado em videogames"[23] traz, com legendas em português, várias informações e entrevistas sobre a escola e o uso de games em educação.

O grupo liderado pela professora Lynn Alves da Universidade do Estado da Bahia (UNEB), mencionado no livro *Games em educação* (MATTAR, 2009a), desenvolveu posteriormente "Búzios: ecos da liberdade",[24] um jogo adventure sobre a Revolta dos Búzios, que aconteceu na Bahia no fim do século XVIII. O projeto teve o objetivo de simular o contexto da sociedade baiana no século XVIII, resgatando assim uma revolta popular que aconteceu no estado.

Em março de 2011, dei uma longa entrevista (mais de uma hora) à FGV On-line (Fundação Getúlio Vargas), que está disponível no YouTube.[25] No vídeo "João Mattar e o uso dos Games apoiando a Educação", desenvolvo várias das questões abordadas em *Games em educação* (MATTAR, 2009a), com diversas reflexões sobre o uso dos princípios de games no design educacional. É uma boa dica para você interromper um pouco a leitura e completar este capítulo com as ideias expostas no vídeo.

---

[21] Disponível em: <http://guiadoestudante.abril.com.br/multimidia/guia-estudante-galaxias-514211.shtml>. Acesso em: 30 jun. 2011.

[22] Disponível em: <http://q2l.org/>. Acesso em: 25 jun. 2011.

[23] Disponível em: <http://mais.uol.com.br/view/1hjuf7gjt6ko/escola-de-ny-tem-ensino-baseado-em-videogames-0402183064E48973C6?types=A&>. Acesso em: 30 jun. 2011.

[24] Disponível em: <http://www.comunidadesvirtuais.pro.br/buzios/>. Acesso em: 25 jun. 2011.

[25] Disponível em: <http://youtu.be/19NzU0PJPqs>. Acesso em: 30 jun. 2011.

Pela Artesanato Educacional, tenho oferecido o curso livre on-line "Games em Educação",[26] no qual estas e outras ideias têm sido discutidas intensamente, além de jogarmos bastante!

Realidade aumentada

The Horizon Report (JOHNSON et al., 2011) prevê um tempo de adoção de dois a três anos para a realidade aumentada em educação. Realidade aumentada é definida como a adição de uma camada contextual de informação, assistida por computadores, sobre o mundo real, criando uma realidade misturada. Uma das promessas do uso da realidade aumentada em educação são formas interativas e visuais de aprendizagem, em que o aluno tem uma postura ativa e situada.

O Responsive Environments Group do MIT Media Lab tem realizado interessantes experiências denominadas realidade cruzada (*cross-reality*), realidade-x ou realidade dual. Informações do mundo real são transmitidas por sensores para mundos virtuais, permitindo a interação mútua e a integração entre os dois universos. No MIT, sensores e redes ligam o espaço do laboratório real a um espaço de laboratório virtual no Second Life. Dessa convergência surge um mundo paralelo, tema de muitos livros de ficção científica, que tende a mudar a forma como as pessoas interagem, entre si e com seus ambientes, influenciando diretamente as redes sociais.

O potencial da aplicação dessas tecnologias à educação é imenso. Lifton (2007), em sua tese de doutorado, propõe a convergência entre redes de sensores e mundos virtuais. Segundo o autor, como uma mídia, a realidade dual tem o potencial de elevar a criação de massa para a mesma altura que a televisão elevou o consumo de massa e a Internet elevou a comunicação de massa.

Lifton et al. (2009) apresentam os projetos desenvolvidos no MIT, que exploram esse espaço entre os mundos real e virtual.

---

[26] Disponível em: <http://www.artesanatoeducacional.com.br/games_em_educacao.html>. Acesso em: 30 jun. 2011.

Informações do mundo real são visualizadas no Second Life e eventos do mundo virtual são manifestados no espaço físico real. Visualizações 2D mais simples permitem que dispositivos móveis busquem e interajam, com eficiência, com dados de redes de sensores. Essas e outras áreas de aplicações tecnológicas envolvem a busca e a interação fluida com o mundo real geograficamente disperso, em um mundo virtual sem constrangimento e telepresença multiescala ubíqua.

Lifton e Paradiso (2009) propõem, em seu artigo, a convergência entre redes de sensores e mundos virtuais não apenas como uma solução possível para suas respectivas limitações, mas também como o início de uma nova mídia criativa. Nesse tipo de realidade dual, tanto os mundos reais quanto virtuais são completos em si mesmos, mas são também ampliados pela habilidade de reagir, influenciarem-se mutuamente e fundirem-se, através de redes de sensores/actuators profundamente incorporadas nos ambientes do dia a dia. O artigo descreve a implementação das redes de sensores e sua associação com o Second Life.

Na Jovaed, o professor Romero Tori ministrou a palestra: Realidade Aumentada para uma Educação sem Distâncias, cujo resumo reproduzo a seguir:

> Desde o primeiro experimento de telepresença, realizado por Ivan Sutherland na década de 1960, a redução de distância por meio da realidade virtual (RV) e, mais recentemente, da realidade aumentada (RA) vem se tornando mais viável e eficaz. No campo da educação, em que proximidade é essencial tanto entre aluno e professor quanto entre aluno e colegas e entre aluno e conteúdo, o emprego de recursos de RA pode contribuir para o aumento da sensação de presença e do engajamento do aluno, não apenas em cursos a distância como também em atividades presenciais. Nesta palestra apresentaremos o conceito de Realidade Aumentada e as tecnologias que a viabilizam, mostrando como podem ser trabalhados em atividades de aprendizagem, para se chegar a uma "educação sem distância".

A combinação de realidade aumentada com mobile learning tende também a trazer contribuições importantes para a educação. Nesse sentido, merece destaque o livro *M-learning e u-learning*, recentemente publicado em língua portuguesa, de Barbosa, Saccol e Schlemmer (2011).

Ambientes pessoais de aprendizagem (PLEs)

Outra tendência na EaD é o desenvolvimento dos ambientes pessoais de aprendizagem (PLEs; em inglês, Personal Learning Environments). Como o desenvolvimento das Tecnologias da Informação e da Comunicação (TICs), o aluno pode agora organizar seu próprio ambiente de aprendizagem, escolhendo as plataformas, as ferramentas e os conteúdos que mais lhe interessam e que estejam mais em sintonia com seus estilos de aprendizagem preponderantes. Plataformas conhecidas como mashups (por exemplo, o Netvibes), que incluem leitores de RSSs, e a facilidade de integração entre diversas ferramentas possibilitam que o aluno acesse, agregue, configure e manipule conteúdos de acordo com seus interesses.

"The revolution will be a bus"[27] é um post interessante não pela metáfora do ônibus, mas pelas críticas que faz aos LMSs em comparação com os PLEs (que, na verdade, não são assim nomeados no texto).

Enquanto os LMSs são centralizados nas e pelas instituições de ensino, um PLE é coordenado pelo próprio aluno. Ou seja, não há mais necessidade de construir enormes repositórios de conteúdo para depositar objetos de aprendizagem. Os PLEs são *hubs* de agregação mais abertos, livres e públicos, que permitem que indivíduos e comunidades acompanhem o fluxo de informação relevante para eles e, ao mesmo tempo, filtrem e visualizem o curso de diversas maneiras.

---

[27] GROOM, J. The revolution will be a bus. *Bavatuesdays – a "b" blog*, 4 fev. 2009. Disponível em: <http://bavatuesdays.com/the-revolution-will-be-a-bus/>. Acesso em: 30 jun. 2011.

Os PLEs representam um espaço no qual indivíduos em uma comunidade de aprendizagem podem compartilhar seus trabalhos em plataformas de publicação pessoal sobre as quais mantêm propriedade.

Um exemplo em língua portuguesa que trabalha com o conceito de PLE é o Sapo Campus,[28] um projeto desenvolvido pela Universidade de Aveiro, SAPO e TMN. O Sapo Campus é uma plataforma integrada de serviços Web 2.0, desenhada para o ensino superior, que procura fornecer uma ferramenta que permita, a cada membro, construir o seu ambiente de aprendizagem pessoal.

Durante a Jovaed, o especialista português Paulo Simões coordenou a atividade "Demonstração prática da organização de um PLE – Personal Learning Environment (Ambiente Pessoal de Aprendizagem)".[29] Segundo Simões, a organização de um PLE, que possibilite a pesquisa, o armazenamento, a agregação e a distribuição de informação, deve ser um espaço pessoal de conforto para qualquer utilizador, e não um emaranhado de ferramentas ou ligações sem nenhum nexo. A atividade se propôs a apresentar e explicitar o conceito de PLE e possibilitar a organização do PLE de cada um. Utilizou um blog para fornecer instruções aos participantes e promover interação,[30] Twitter para comunicação rápida entre os participantes e uma ferramenta de agregação de conteúdos, Scoop.it,[31] onde foram reunidas as conclusões mais interessantes da experiência.

Como é possível perceber pela atividade coordenada por Paulo Simões, os diversos ambientes colaborativos apresentados neste capítulo podem servir para a composição de um PLE. En-

---

[28] Disponível em: <http://campus.sapo.pt/>. Acesso em: 30 jun. 2011.

[29] Disponível em: <https://docs.google.com/document/pub?id=1Gh9cvXiUyvzf6Y63qhqW-HT19bVauO9JWWCq_1Uehm8>. Acesso em: 30 jun. 2011.

[30] Disponível em: <http://jovaedple.posterous.com/>. Acesso em: 30 jun. 2011.

[31] Disponível em: <http://www.scoop.it/t/jovaed-ple>. Acesso em: 30 jun. 2011.

tretanto, para análise, avaliação e uso de todas essas opções, é necessário um nível de letramento tecnológico que, muitas vezes, os professores e mesmo os alunos não possuem. Para superar essa barreira, o trabalho de formação continuada de professores é essencial, conforme discutiremos em outro capítulo.

5

Atividades Síncronas e Assíncronas

Além da escolha, da configuração e mesmo do desenvolvimento de ambientes de aprendizagem para a educação, o professor de EaD deve também elaborar o design das atividades que utilizará com seus alunos. Em termos gerais, as atividades podem ser divididas em síncronas (em que os participantes devem estar conectados em tempo real) e assíncronas (em que as interações ocorrem sem dia e horário definidos). Quais as boas práticas para se utilizar essas atividades em EaD?

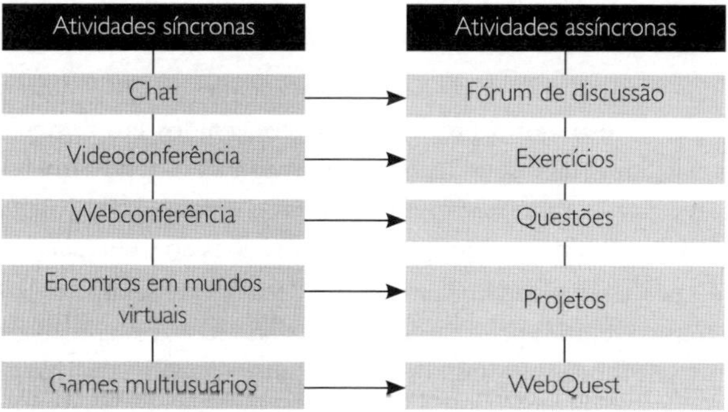

FIGURA 5.1 Exemplos de atividades em EaD.

Seguiremos aqui, inicialmente, a ordem das atividades disponíveis no módulo básico do Moodle, selecionando as que consideramos mais importantes. Algumas atividades que têm a característica marcante de avaliação serão abordadas no próximo capítulo. Mas não custa registrar que a fronteira não é clara: todas as atividades podem ser utilizadas com o propósito de avaliação, e toda avaliação não deixa de ser uma atividade.

Acrescentar atividade...
Base de dados
Chat
Escolha
Fórum
Glossário
Lição
Pesquisa de avaliação
Questionário
SCORM/AICC
Tarefas
  Modalidade avançada de carregamento de arquivos
  Texto online
  Envio de arquivo único
  Atividade offline
Wiki

FIGURA 5.2 Atividades Moodle.
Fonte: Moodle (conteúdo de curso do autor).

Chats

Os chats ou salas de bate-papo são atividades síncronas, ou seja, o professor e o aluno precisam estar conectados em tempo real para participar da discussão. Por isso, ler um chat depois que ele já ocorreu gera uma sensação muito diferente daquela de participar do chat no momento em que as discussões estão ocorrendo.

O professor pode iniciar a atividade sem que sejam propostos um tema e leituras prévias, de maneira que o chat flua mais livremente em função dos interesses dos alunos. Já realizei vários chats muito bem-sucedidos em que eu tinha um script para percorrer (sem que os alunos soubessem), mas ele era adaptado em função das respostas às perguntas e provocações que eu lançava, das dúvidas dos alunos etc. Um chat pode inclusive ser programado especificamente para tirar dúvidas dos alunos. Entretanto, é muito interessante que sejam propostos, antes do chat, alguns temas, textos para leitura, links, vídeos etc., para que os participantes cheguem preparados para o debate.

Durante o chat, é interessante realizar atividades paralelas, como abrir e percorrer páginas da Web, desenhar, jogar algum game etc. Alguns chats permitem que o professor bloqueie os alunos quando quer realizar uma exposição, e eles podem então "levantar a mão" para fazer perguntas.

É, em geral, possível também, além da comunicação entre todos os participantes pelo chat, conversar reservadamente com outros colegas e mesmo com o professor, através de mensagens privadas. Durante um chat é, inclusive, possível dividir a turma em grupos para a realização de alguma atividade, com o retorno posterior dos alunos ao ambiente para expor e debater suas conclusões.

O Moodle oferece apenas o chat de texto com pouquíssimos recursos, mas é possível realizar chats mais ricos usando outros ambientes simples e gratuitos, analisados no capítulo anterior, como, por exemplo, o Skype. Nesse sentido, torna-se questionável a eficácia de utilização dessa ferramenta no Moodle.

Escolha

A Escolha é uma atividade muitíssimo simples disponível no Moodle e, justamente por sua simplicidade, inclusive para sua configuração (que pode levar segundos), pode se tornar bastante útil para o professor. Trata-se na verdade de um questionário de múltipla escolha em que o aluno deve escolher uma reposta.

É possível configurar as opções de visualização das respostas para os alunos de diferentes maneiras: não mostrar os resultados aos alunos, mostrar os resultados ao estudante só depois que ele tiver dado a sua resposta, mostrar os resultados aos estudantes após o fechamento do período de escolha e mostrar sempre os resultados aos estudantes. Os resultados podem ser publicados indicando os nomes dos autores ou não. É possível ainda permitir a atualização da escolha feita pelo aluno.

O professor pode utilizar esse recurso no Moodle para pesquisas rápidas, questões quebra-gelo (quando o ambiente anda muito parado), exercícios sobre o tema que esteja sendo explorado etc.

Fóruns

Uma das atividades assíncronas mais comuns em EaD são os fóruns de discussão, em que os comentários do professor e dos alunos são publicados em uma área a que todos os membros de um grupo têm acesso. Os fóruns podem ser moderados (quando o professor ou um assistente precisa ler os comentários dos alunos antes de publicá-los) ou livres (quando os comentários são automaticamente publicados, sem a mediação do professor).

Em alguns casos, os novos tópicos nos fóruns podem ser criados apenas pelo professor, em outros casos também pelos alunos. As perguntas podem ser propostas apenas pelo professor, mas a interação pode também ser mais livre, e os próprios alunos podem fazer perguntas e, inclusive, responder às dúvidas dos colegas.

O professor pode programar o fórum para que os alunos possam modificar ou mesmo excluir os seus comentários e pode também programá-lo para que os comentários dos alunos não possam ser modificados. É possível permitir ou restringir mensagens anônimas. Muitos fóruns permitem que sejam anexados arquivos.

Como no caso dos chats, um fórum pode pressupor a leitura de um texto ou simplesmente propor um tema para debate. Nos fóruns chamados *role playing* (ou interpretação de papéis), os alunos assumem determinados papéis ao prepararem suas respostas, que podem ser mais otimistas ou pessimistas, como a função de advogados do diabo etc. Alguns alunos podem ser responsáveis pelo pontapé inicial, resumindo um texto e propondo questões para a discussão. Outros alunos podem ficar responsáveis por resumir e encerrar um debate, apontando questões que ainda permanecem abertas. Nesses casos, os alunos transformam-se em professores, e o professor pode desempenhar a função de conectar alguns fragmentos do debate, "ensinando" conteúdo apenas quando necessário.

Pela importância dos fóruns em EaD, é essencial que os professores sejam adequadamente formados no seu uso, para que evitem, de um lado, dominar completamente as discussões (tolhendo assim a liberdade de expressão de seus alunos), e, do outro lado, não fiquem totalmente ausentes (dando a impressão de abandono aos alunos). É interessante convidar especialistas que não fazem parte da turma e que dominam o tema a ser discutido, o que enriquece muito o debate.

Pré-textos bem selecionados, um professor hábil no uso didático de fóruns e um grupo de alunos treinados na ferramenta podem garantir um curso on-line a distância de excelente qualidade, com resultados de aprendizagem muito positivos para os alunos.

O Moodle oferece quatro opções de tipos de fórum:

a) **Cada usuário inicia apenas UM NOVO tópico**: cada participante pode criar apenas um novo tópico no fórum, mas pode também participar sem limites com comentários em tópicos criados por outros participantes; pode ser utilizado em atividades em que o participante atua como moderador no tópico que criar.
b) **Fórum P e R (perguntas e respostas)**: o aluno só consegue ler as respostas postadas pelos colegas em algum tópico após a publicação da sua mensagem, permitindo assim que a primeira resposta de cada um seja original e independente; depois disso fica livre para responder às

mensagens do grupo; é um formato muito rico, que incentiva a reflexão crítica e a revisão da mensagem inicial pelo aluno, e esta pode então ser postada em outro fórum criado para a nova atividade.

c) **Fórum geral**: todos podem criar quantos tópicos desejarem, sem limites; é o formato utilizado com maior frequência.

d) **Uma única discussão simples**: composto de apenas um tópico, ao qual todos podem responder livremente, como no caso das comunidades do Orkut ou nos comentários do Facebook; pode ser utilizado na organização de discussões breves com foco em um tema preciso; o problema é que um fórum tratado inicialmente como "simples" pode rapidamente se tornar bastante complexo, comprometido então pelo formato inicial escolhido.

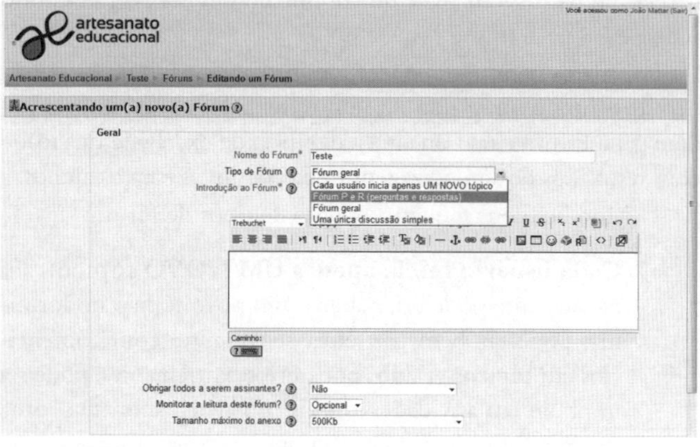

FIGURA 5.3 Tipos de Fórum.
Fonte: Moodle (conteúdo de curso do autor).

No Moodle, como na maioria dos fóruns, é possível acompanhar as postagens por e-mail, assim como monitorar as mensagens dos colegas lidas e não lidas. Os fóruns podem também ser avaliativos, sendo possível avaliar as mensagens dos alunos.

É importante notar que recursos para discussões em grupos estão hoje disponíveis em vários ambientes que avaliamos no capítulo anterior, tais como Facebook e YouTube. O próprio Twitter tem sido utilizado como uma plataforma para debates, com o uso de hashtags específicas. Até mesmo listas de e-mails, como o Google Groups, permitem reproduzir várias das funções dos fóruns de ambientes virtuais de aprendizagem (AVAs).

Glossário

O glossário é um recurso muito interessante disponível no Moodle, com várias opções de configuração.

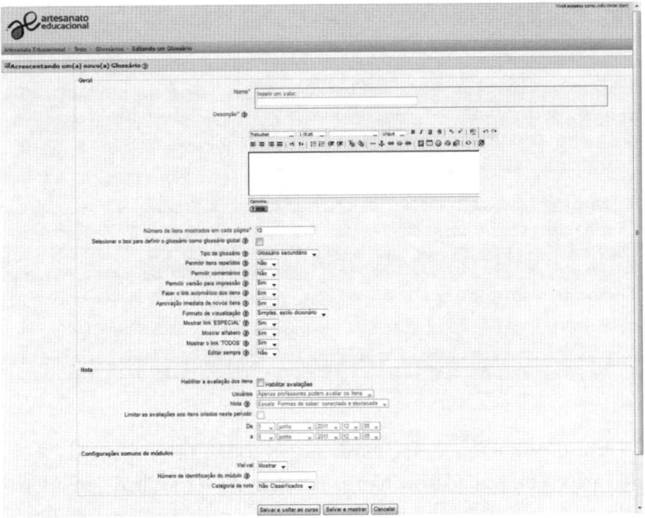

FIGURA 5.4 Glossário.

Fonte: Moodle (conteúdo de curso do autor).

Além do glossário principal de um curso, é possível criar glossários secundários. Há diversas opções de formatos para visualização dos glossários, e novos formatos podem ser criados pelos administradores. As informações a seguir são retiradas do próprio material de apoio do Moodle:

Formatos de visualização dos glossários no Moodle

Completo com autor: visualiza os itens com o mesmo formato de um fórum, incluindo os dados do autor, a data e horário da última atualização; os anexos são mostrados como links;

Completo sem autor: mesmo formato do anterior, sem o nome do autor;

Contínuo sem autor: mostra os itens um após o outro sem nenhum tipo de separação além dos ícones de edição, classificados pela letra do alfabeto com que começam;

Enciclopédia: mesmas características do formato Completo com autor, com a diferença de que as imagens anexadas são visualizadas no texto;

FAQ: edita itens como listas de Perguntas Frequentes (FAQs; em inglês, Frequently Asked Questions) e anexa as palavras PERGUNTA e RESPOSTA respectivamente ao conceito e à definição, mostrando também a data e horário da última atualização;

Lista de itens: lista os conceitos como links, sem mostrar automaticamente as definições; os autores, a data e o horário da última atualização não são mostrados, nem quando se clica no link;

Dicionário simples: um dicionário convencional com os itens separados; os autores, a data e o horário da última atualização não são indicados, e os anexos são mostrados como links.

Fonte: Moodle.

Entre outras opções, é ainda possível definir se a atividade do glossário será avaliada ou não, e no caso de ser avaliada, se apenas pelo professor ou também pelos alunos. Criado o glossário, é possível então inserir os verbetes com bastante facilidade. O glossário é uma atividade muito bem desenhada para o Moodle, que procuro sempre utilizar com meus alunos, em geral com muito sucesso.

Wiki

O Moodle tem uma atividade denominada wiki, cujo significado é, na verdade, traiçoeiro. No capítulo anterior, abordamos as características das plataformas wiki, que vão muito além do que o wiki do Moodle permite. É possível classificar essa ferramenta do Moodle como um arquivo do Google Docs compartilhado por um grupo, mas com muito menos recursos do que a ferramenta do Google. Se de um lado ela é uma atividade muito simples de configurar e que pode gerar resultados interativos rápidos no Moodle, de outro lado é possível trabalhar com a produção coletiva de arquivos de maneira muito mais rica, por exemplo, com o Google Docs. Confesso que já tentei várias vezes produzir documentos colaborativos no wiki do Moodle, mas sempre com muito menos sucesso do que tentativas similares em outras plataformas. Mas isso pode, é claro, ser uma deficiência do meu design educacional.

Outras atividades

Robson Santos da Silva (2010) apresenta módulos de atividades para o Moodle que não vêm instalados nas versões básicas mas que podem ser integrados ao Moodle: Podcaster (áudio), Team Assignment Type (trabalho em equipe), Webconference Internet (conferências com imagens e som), Video-Tutor (conjugação de páginas HTML com vídeo), Mobile Learning Engine – MLE (dispositivos móveis) e Mobile QUIZ (questionários em forma de testes para serem respondidos por dispositivos móveis). Os que tratam especificamente de avaliação serão citados no tópico Módulos complementares do capítulo 6.

O professor pode também propor um problema a ser resolvido ou um projeto a ser elaborado a distância, individualmente ou em grupo. O Problem Based Learning (PBL; em português, aprendizagem baseada em problemas) foi adotado como marca por muitos projetos de EaD. Nessas atividades, uma situação real ou simulada é apresentada para os alunos, que devem então tomar uma decisão. No Goal Based Learning (GBL; em português, aprendizagem por objetivos), o aluno deve realizar uma tarefa e, assim, aprende fazendo, já que normalmente precisa desenvolver algumas habilidades para cumprir sua missão.

WebQuest é outra atividade comum em EaD, que consiste na proposta de uma pesquisa na Internet, que pode ser realizada em grupo ou individualmente. No caso do Blended Quest, outras fontes devem ser utilizadas além da Web. O recurso "Criar uma página Web" do Moodle pode ser utilizado para a elaboração de WebQuests.

Wanderlucy Czeszak defendeu, no início de 2011, sua tese de doutorado em educação na USP, em que estudou o uso de mapas conceituais por professores. Sua pesquisa mostrou que professores da rede municipal eram capazes de produzir mapas conceituais muito mais complexos quando tratavam dos temas que ensinavam do que quando eram levados a refletir sobre sua atuação docente e seu papel no processo de ensino e aprendizagem, e esses mapas conceituais apresentavam pequeno grau de complexidade em sua estrutura. Esse menor grau de complexidade, por sua vez, tenderia a refletir a precária compreensão que o indivíduo tinha do assunto abordado. Independentemente disso, os mapas conceituais são instrumentos interessantes para serem utilizados em propostas de atividades em EaD, e os alunos podem ser convidados a representar graficamente sua compreensão e reflexão sobre os temas abordados no curso. Alguns programas que podem ser utilizados para a elaboração de mapas conceituais (que apresentam a relação entre conceitos) e mentais (que apresentam a visão mental do sujeito sobre determinado objeto) são:

- CmapTools, disponível em: <http://cmap.ihmc.us/>;
- FreeMind, disponível em: <http://freemind.sourceforge.net/wiki/index.php/Main_Page>;
- Inspiration, disponível em: <http://www.inspiration.com/>;

- Mindomo, disponível em: <http://www.mindomo.com/>;
- Thinkmap, disponível em: <http://www.thinkmap.com/>;
- XMind, disponível em: <http://www.xmind.net/>.

Como tem se tornado cada vez mais simples o uso de áudio e vídeo na Internet, é possível utilizar cada vez mais recursos multimídia nas atividades em EaD. Feedback em voz, mesmo quando utilizado em atividades assíncronas, pode economizar tempo do professor e motivar os alunos, por soar mais pessoal do que textos.

Para editar áudio, o Audacity tornou-se um padrão. Sua curva de aprendizado é rápida, é muito fácil de utilizar e em pouco tempo qualquer um pode misturar falas com músicas, alterar volumes, acrescentar efeitos etc.

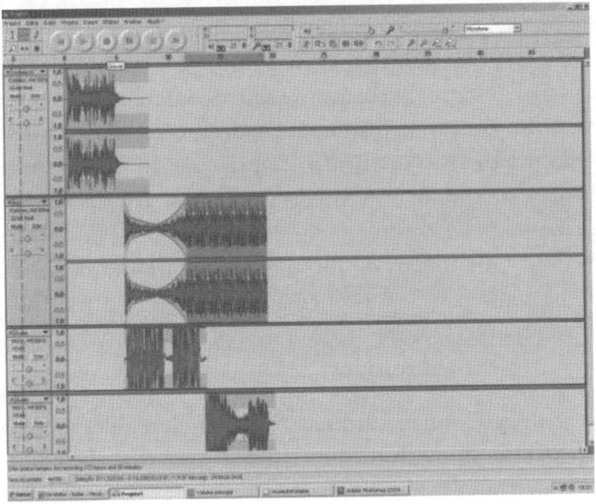

Figura 5.5 Audacity.

Fonte: Site da Audacity: <http://audacity.sourceforge.net/?lang=pt>. Acesso em 20 jul. 2011.

Pode ser utilizado tanto por alunos, no desenvolvimento de material multimídia, quanto por professores, no desenvolvimento de material para cursos de EaD e, inclusive, para tutoria.

O podcast tornou-se uma tecnologia popular em EaD. Um exemplo interessante é a Stanford iTunes University, que oferece uma gama de conteúdo digital que os alunos podem assinar usando o serviço da Apple. Mais interessante ainda em EaD tem sido a produção de podcast pelos próprios alunos. A Apple foi rápida em reconhecer o potencial do podcasting para os alunos e tem promovido seus iPods associados a ferramentas de criação, como iMovie, GarageBand e iTunes, para o setor educacional. É importante lembrar que o podcast pode incluir não apenas som, mas também imagens e vídeos.

A videoconferência é também uma mídia poderosa em EaD. Ela pode ser utilizada para transmissão unidirecional de aulas (professores sozinhos em estúdios), assim como para possibilitar a interação dos alunos tanto com o professor quanto com outros alunos localizados em outro ponto (professores e alunos em uma mesma sala se comunicam com alunos em outras salas). Cruz (2010) analisa vários formatos de videoconferência: aulas expositivas, aulas com convidados, aulas de revisão ou tira-dúvidas, aulas de avaliação e destinadas à apresentação de trabalhos ou seminários (que podem envolver discussões, debates e trabalhos em grupo).

O desenvolvimento da Internet possibilitou também a facilidade na utilização de ferramentas de conferência pela Web, ou Webconferência. Dentre as diversas opções para Webconferências, podem ser mencionados:

- Adobe Connect (utilizado intensamente durante a Jovaed 2011), disponível em: <http://www.adobe.com/products/adobeconnect.html;
- BigBlueButton, disponível em: <http://bigbluebutton.org/>;
- Elluminate, disponível em: <http://www.elluminate.com/>;
- Wimba, disponível em: <http://www.wimba.com/>;
- Yugma, disponível em: <https://www.yugma.com/>.

O Flashmeeting é uma ferramenta da Open University vinculada ao Projeto Labspace e à Comunidade Colearn. Cadastrando-se no site,[1] você poderá ter acesso a muitas informações e facilidades, em língua portuguesa, sobre o tema educação e tecnologias e, inclusive, utilizar a ferramenta gratuitamente. Foi uma escolha constante entre os coordenadores de atividades tanto do 7º Seminário Nacional ABED de Educação a Distância (Senaed) de 2009 quanto da Jornada Virtual ABED de Educação a Distância (Jovaed) de 2011. Importante ainda lembrar que outras plataformas já mencionadas aqui, como o Skype e o próprio Moodle (com a adição de plugin), oferecem recursos para videoconferências. Tenho participado de algumas qualificações e defesas de dissertações de mestrado e teses de doutorado tanto pelo Skype quanto pelo Adobe Connect, e as experiências têm funcionado muito bem.

O uso de games tem sido também cada vez mais comum em EaD. Mattar (2009a) explora uma diversidade de usos de games em educação, como:

1. Propor atividades que estejam indiretamente relacionadas ao universo dos games, tais como leituras, resenhas, debates, desenhos etc. Ou seja, utilizar games, que já fazem parte da vida dos alunos, como temas ou referências para atividades mais tradicionais, em sala de aula ou fora. Isso pode, obviamente, gerar um nível de motivação adicional para essas atividades.
2. Explorar o modo pelo qual os games em geral, não necessariamente os games educativos, podem colaborar com a educação. Quais relações são possíveis traçar entre as teorias da educação e a teoria que começa a se formar sobre games? Como o design de games pode colaborar com o design instrucional? De que outras maneiras o universo

[1] Disponível em: <http://colearn.open.ac.uk>. Acesso em: 30 jun. 2011.

dos games pode colaborar com o ensino e a aprendizagem? O que podemos aprender sobre educação assistindo aos jovens jogarem games?

3. Analisar o que há de pedagógico em um game comercial específico, o que é possível ensinar e aprender com ele. Mattar apresenta exemplos de análise de princípios de aprendizado embutidos em alguns games comerciais, que não foram desenvolvidos especificamente para a educação. O que os gamers estão aprendendo (e nem desconfiávamos) jogando alguns games que a princípio nos parecem bobinhos e triviais?
4. Integrar games, inclusive comerciais, na educação, presencial e a distância. Nesse caso, como as instituições de ensino e os professores podem levar os games para a sala de aula? De que maneira eles podem ser jogados como atividades que façam parte do currículo? Como jogar um game fora da aula pode ser considerado lição de casa? Como utilizar games em educação a distância? Como, enfim, integrar o uso de games nos nossos planos de ensino?
5. Games educacionais. O universo dos *serious games* seria apenas mais uma dentre estas possibilidades.
6. Os alunos podem desenvolver games como uma atividade educacional. Os jovens utilizam hoje, com maior fluência, ferramentas multimídia e inclusive de programação. Portanto, inseri-los no fantástico universo do design de games é uma das atividades que Mattar sugere como proposta para integração entre a educação e as ferramentas que eles já dominam, além de possibilitar que eles enxerguem a estrutura por detrás dos games que já jogam.
7. Integrar o designer de games no planejamento de currículos, cursos e materiais pedagógicos, como, por exemplo, na produção de material para educação a distância. Mattar explana essa tese no livro.

Mundos virtuais, dispositivos móveis e realidade aumentada, entre outras ferramentas, têm sido cada vez mais utilizados como suporte para atividades em EaD. Como plataformas, eles foram explorados no capítulo anterior. As opções para propostas de atividades nesses ambientes são muito amplas e serão tratadas em uma publicação separada desta série.

Essas são apenas algumas das atividades possíveis em EaD. O professor tem à sua disposição uma diversidade de atividades suportadas pela Internet com diferentes objetivos pedagógicos, como quebra-gelo, motivacionais, senso crítico, *brainstorm*, criatividade, estudos de casos, discussão, colaboração etc. O quadro a seguir procura listar uma variedade de técnicas pedagógicas para utilização em EaD on-line.

Atividades em EaD

Starter-wrapper	Alguns alunos são responsáveis por iniciar as discussões, e outros por finalizá-las. Os alunos podem desempenhar diferentes papéis (advogado do diabo, questionador, mediador, comentarista etc.).
Discussão de artigos	Individual ou em grupo, com a possibilidade de os alunos escolherem que artigos desejam comentar.
Jigsaw (quebra-cabeça)	Divisão de um texto em partes, que então são comentadas por grupos.
Exploração da Web e leituras	Avaliação e classificação de artigos.
Reações a observações de campo	Estágios ou experiências no trabalho que podem ser propostos em forma de diários on-line.
Controvérsia estruturada	Os alunos devem desempenhar um papel que podem escolher.
Discussão de tópicos	Alunos podem sugerir e votar nos tópicos a serem discutidos.

Estudo de caso	Podem ser propostos pelo professor ou pelos alunos.
Quebra-gelo e fechamento	Apresentações dos alunos, expectativas em relação ao curso, desafios, testes, escolha de um aluno para ter o rendimento comentado pelos demais no final do curso etc.
Scavenger hunt (caçadas eletrônicas)	Questões referentes a um tópico são propostas, e os sites para pesquisa predeterminados pelo professor.
Pesquisas e votações	Pode ser discutida a opinião da maioria e da minoria.
Comentários interativos	Os alunos podem comentar os links sugeridos pelos colegas, o que têm em comum com eles etc.
Papel de feedback para os colegas	Escolha de um aluno ou amigo para comentar o trabalho e ajudar o colega durante o semestre.
Round-robin (atividades circulares)	Histórias que são construídas ou problemas que são resolvidos parcialmente por cada membro de um grupo ou da classe, e a produção de um aluno é passada para o aluno seguinte, que tem tempo determinado para acrescentar sua contribuição.
Publicações	Publicações na Web dos trabalhos dos alunos e dos grupos.
Simpósio	Pode ser realizado no final do semestre com um especialista escolhido pelos alunos.
Brainstorm	Envolvendo ideias na Web, para as quais pode ser criada uma lista das melhores.
Convidados especialistas	Debates síncronos ou assíncronos.

Fonte: Adaptado de diversas ideias e tabelas apresentadas em: BONK, C. J.; DENNEN, V. Frameworks for research, design, benchmarks, training, and pedagogy in web-based distance education. In: MOORE, Michael Grahame; ANDERSON, William G. (Ed.). ***Handbook of distance education****. Mahwah, NJ: Lawrence Erlbaum, 2003. p. 331-348.*

Para a elaboração e a condução de praticamente todas as atividades avaliadas neste capítulo, é necessário não apenas o letramento tecnológico de que falamos no capítulo anterior, mas também de um letramento relacional, uma preparação para a condução de trabalhos em grupo por parte dos alunos. O design de atividades, que em última instância constitui-se num design de interações, é também algo em que o professor de EaD precisa ser formado continuamente, mesmo porque as possibilidades que as ferramentas oferecem modificam-se rapidamente. Trataremos desse tema no último capítulo do livro, intitulado Formação continuada de professores.

1

6

Avaliação

Avaliação em educação a distância é um tema fascinante, por isso está previsto um livro nesta série dedicado especificamente ao tema. Este capítulo é apenas uma prévia do que será tratado com mais detalhes no livro específico.

É possível falar em avaliação dos alunos (*assessment*) e de cursos ou projetos (*evaluation*). Este capítulo trata desses dois tipos de avaliação.

Outra diferença comum na literatura ocorre entre avaliação formativa (durante o processo) e somativa (quando o processo está encerrado). Na prática, entretanto, essa diferença não é sempre clara – o mesmo instrumento pode ser utilizado nos dois casos, ou seja, em avaliações formativas e somativas. Neste capítulo, a classificação desses instrumentos em um ou outro tipo de avaliação é apenas didática, considerando seu uso mais comum, incluindo muitas vezes também comentários sobre seu uso no outro tipo de avaliação, no qual ele poderia também estar inserido.

Avaliação dos alunos

Como nos demais conceitos e procedimentos estudados neste livro, a avaliação dos alunos é diretamente determinada por um modelo de EaD, ou seja, a avaliação não é neutra em relação à abordagem pedagógica que a fundamenta. Assim, dependendo da metáfora que utilizamos para descrever a educação, a maneira de pensar a avaliação pode mudar radicalmente.

Madaus e Kellaghan (2000) afirmam que a metáfora da indústria na educação persiste hoje na linha de montagem *high-tech*, em que os professores são tidos como solucionadores de problemas. Como alternativa, os autores exploram a metáfora da educação como uma viagem: o currículo é uma rota pela qual os alunos viajam; o professor é um guia e um acompanhante experiente; cada viajante será afetado diferentemente pela jornada; os efeitos são uma função tanto das predileções, inteligência, interesses e objetivos do viajante quanto dos contornos da rota; essa variabilidade não é somente inevitável, mas maravilhosa e desejável; nenhum esforço é feito para antecipar a natureza exata do efeito no viajante, mas um grande esforço é feito para traçar a rota para que a viagem seja tão rica, fascinante e memorável quanto possível.

No modelo de EaD proposto neste livro, assim como no caso da elaboração de atividades, consideramos que a elaboração dos instrumentos de avaliação deve estar nas mãos do professor que efetivamente atuará com os alunos, e não nas de um designer instrucional ou um autor que já determinem de antemão o caminho avaliativo que os alunos (e o próprio professor) devam seguir. Desse modo, o professor de EaD deve participar ativamente do design da avaliação, mesmo que o trabalho seja realizado em grupo, colaborativamente com outros profissionais. Ele não pode simplesmente receber o conteúdo, as atividades e o curso traçados, para segui-los cegamente. Além disso, é importante que o professor tenha liberdade para modificar os instrumentos e as atividades de avaliação durante o próprio curso. Como afirma Moran (2006), devemos buscar um equilíbrio entre planejamento e improvisação.

Ainda segundo Moran, a avaliação deve ser combinada e negociada com os alunos, bem como, na medida do possível, personalizada de acordo com seus interesses. Assim, um curso de EaD pode começar com um convite para os alunos reverem não só o programa geral, como também debater e decidir colaborativamente quais serão os critérios de avaliação adotados.

Em propostas inovadoras, além de o aluno negociar nas primeiras semanas de aula o programa, as atividades propostas e os critérios de avaliação, ao propor um projeto durante o curso, ele pode simultaneamente apresentar os critérios e os métodos pelos quais esse projeto deverá ser avaliado. Assim, cada trabalho acaba sendo avaliado em função de critérios distintos, adequados àquele projeto específico e propostos pelo próprio aluno. Veremos também neste capítulo a estratégia de que os próprios alunos proponham e respondam a questões válidas para avaliação.

É possível dividir a avaliação dos alunos em três fases, que, entretanto, não são estanques, como veremos: avaliação na entrada do aluno (antes do início do curso), formativa (durante o curso) e somativa (ao final do curso).

Avaliação na entrada do aluno

Conhecer nossos alunos é essencial, afinal, somos professores de alunos reais, não de seres abstratos, dados ou números. Repetir esse aparente truísmo é ainda mais importante em EaD, quando podemos ser levados a considerar nossos alunos como simples nomes próprios que povoam os ambientes virtuais de aprendizagem, perfis incompletos ou pequenas fotos estáticas em que clicamos. Do outro lado temos, na verdade, pessoas de carne e osso, as quais precisamos encontrar formas de conhecer para além dos bits.

Assim, mesmo levando em consideração que, durante o processo de ensino e aprendizagem, teremos naturalmente a oportunidade de conhecer melhor nossos alunos, diversos instrumentos podem ser utilizados ainda antes do início do curso para fazer um mapeamento de suas características, como, por exemplo, a avaliação de estilos de aprendizagem. Tenho utilizado com frequência com meus alunos, logo nas primeiras aulas, os Questionários Honey-Alonso e Varq, traduzidos para o português e disponíveis on-line (veja a seção Mais sobre EaD a seguir), atividade que tem se mostrado uma maneira muito interessante de iniciar o contato com eles. Em função dos resultados obtidos, os alunos são, desde o início do curso, convidados a refletir sobre o contexto de sua aprendizagem e como podem otimizar seu estudo (não apenas na minha disciplina), consultando as características dos seus estilos mais predominantes apontados nos testes. Além disso, a possibilidade de comparação dos resultados com os dos colegas tem se mostrado também um processo muito rico, que estimula ainda mais a autorreflexão sobre as características cognitivas dos alunos.

Mais sobre EaD

Questionário Honey-Alonso de Estilos de Aprendizagem

- http://www.estilosdeaprendizaje.es/chaea/chaeagrafp2.htm

Questionário VARQ

- http://www.vark-learn.com/Portuguese/page.asp?p=questionnaire

A avaliação antes do início do curso pode ter outros objetivos. Dick, Carey e Carey (2009) separam-na em testes de habilidades de entrada e pré-testes.

No primeiro caso, uma avaliação é proposta para mensurar o domínio dos pré-requisitos de entrada do curso, ou seja, habilidades que o aluno deveria ter para participar adequadamente do processo de aprendizagem. Alunos que não possuam essas habilidades poderão apresentar grande dificuldade, o que pode permitir que o professor altere o design do curso em função desses resultados. Numa proposta de atuação flexível e dinâmica do professor em EaD, como a que temos defendido neste livro, isso ocorrerá, na verdade, durante todo o processo de ensino, em razão não só das dificuldades, mas também do maior ou menor interesse dos alunos por alguns temas. Aliás, com a expansão do ensino superior, principalmente com a EaD, turmas heterogêneas e desniveladas são o cenário mais comum com que um professor se depara, forçando-o, desse modo, a repensar constantemente o design de seus cursos em função de cada turma específica. Em razão disso, faz ainda mais sentido despender esforços no início dos cursos para conhecer melhor a turma.

Já os objetivos dos pré-testes são diferentes: pretende-se com eles mensurar não o domínio sobre os pré-requisitos da disciplina, mas sim o nível de conhecimento dos alunos em relação àquilo que será trabalhado no curso. Esses resultados são também essenciais para o professor de EaD calibrar o design do seu curso, pois, em muitos casos, pode acontecer de ele ensinar algumas habilidades que muitos alunos já dominam.

Os dois tipos de teste podem, obviamente, ser administrados por um único instrumento, ressaltando-se, entretanto, que seus objetivos são distintos. No primeiro caso, os testes servem para mostrar se os alunos estão prontos para começar a aprendizagem; no segundo caso, se o design do curso está adequado aos alunos. Em ambos os casos, de qualquer maneira, a possibilidade de o professor alterar os conteúdos e as atividades a serem trabalhados no curso é essencial para que esse esforço inicial surta efeitos, mas isso, em geral, não é possível em modelos fordistas, em que tudo já está pronto e não se admitem revisões.

Avaliação formativa do aluno

A avaliação formativa é aquela que se realiza durante o curso, ou seja, não apenas em momentos estanques, no seu início ou final.

Nesse sentido, a definição da frequência e dos tipos de avaliação dos alunos durante o curso é crucial na EaD. Interessantes soluções são as propostas de avaliação continuada, em que os alunos são avaliados do começo ao fim do curso por sua participação em todas as atividades, e não apenas por uma ou outra prova em datas determinadas.

A avaliação baseada em modelos construtivistas tende a ser naturalmente mais complexa do que em modelos behavioristas. Como afirma Jonassen (1992, p. 141), "avaliar como os aprendizes se saem na construção do conhecimento é mais importante de uma perspectiva construtivista do que o produto resultante". Assim, a presença do professor em modelos pedagógicos construtivistas deveria estar concentrada em guiar e avaliar tarefas autênticas realizadas em contextos realistas, ou seja, avaliações ancoradas. Para além das tradicionais avaliações individuais sem consulta, portanto, deveriam ser privilegiadas as avaliações de trabalhos realizados em grupo e com consulta, já que é assim que boa parte dos alunos será desafiada constantemente em seu trabalho profissional.

Nesse sentido, Santos (2006) sugere três tipos diferentes de avaliação, que podem ser utilizados tanto em avaliação formativa quanto somativa: autoavaliação, coavaliação e heteroavaliação.

Na autoavaliação (SANTOS, 2006, p. 321), "o avaliador é *o autor* da ação, da produção ou da *performance* avaliada. O autor é responsável e consciente pelo seu processo de aprendizagem". Tenho utilizado sistematicamente nas disciplinas que ministro (presenciais ou a distância) a autoavaliação como um instrumento formativo e somativo, convidando os alunos a refletirem sobre seu comprometimento e sobre as atividades realizadas em função dos critérios de avaliação acordados desde o início do curso, solicitando inclusive que sugiram a nota que acreditam que mereçam. Ao contrário do que muitos imaginam, as autoavaliações não costumam diferir muito das que eu realizaria como professor, e, em muitos casos, os alunos são mais exigentes e críticos consigo mesmos do que eu. Quando as diferenças são muito grandes, procuro conversar individualmente para tentarmos chegar a um termo comum.

Na coavaliação (SANTOS, 2006, p. 321), "o avaliador é *um par* da ação, da produção ou da performance avaliada. Este 'par' deve ser na verdade o grupo que de forma cooperativa e compartilhada vai intervir no processo de forma global, agregando valor às produções de todos os envolvidos". Nas avaliações cruzadas ou por pares, os alunos e os grupos trocam e comentam os trabalhos uns dos outros. Esse é um recurso riquíssimo que tenho utilizado com frequência tanto na educação presencial quanto em EaD. Em muitos casos, peço que os alunos avaliem os trabalhos iniciais dos colegas, que então devem fazer uma revisão em função dessa avaliação e me enviar uma nova versão, acompanhada da reflexão sobre as mudanças realizadas. Quando bem desenhada, a coavaliação contribui para o ganho em escala e a otimização do tempo do professor, tão criticados no caso da EaD interativa, sem prejuízo da qualidade do curso – ao contrário, com o acréscimo da interação e da colaboração em atividades que, na educação tradicional, ficavam sempre nas mãos do professor.

Finalmente, na heteroavaliação (SANTOS, 2006, p. 321), "o avaliador é *um ator mais experiente*, geralmente o professor da atividade, no tratamento do objeto de estudo a ser avaliado. É alguém que tem um repertório amplo e que interage com a pluralidade de todo o grupo de forma mais intencional e planejada". Nesse momento, o professor (e não um monitor) participa efetivamente do processo de avaliação, escolhendo e utilizando vários instrumentos e estratégias que serão discutidos neste capítulo. Nesse sentido, essa avaliação não pode consistir em meros "feedbacks" que muitas vezes se resumem a uma nota (um número) e pouquíssimas palavras. Feedbacks que, aliás, chegam quase sempre ao aluno quando ele já está em outro momento do processo da aprendizagem, não fazendo mais sentido, porque se referem a uma fase já superada ou deixada para trás pelo próprio design do curso. Costumo usar a imagem de que equivalem a uma mensagem que você recebe num game quando está na terceira fase, semanas depois de ter superado a primeira, informando-o de que tem que voltar porque, na verdade, não a superou.

Comentários dos próprios alunos, durante seu trabalho e depois da entrega, podem ser utilizados pelo professor como recursos de avaliação. Outra opção interessante de avaliação é solicitar que os alunos submetam perguntas ao professor antes das aulas, baseadas nas atividades ou materiais de consulta disponibilizados, fazendo que as aulas sejam elaboradas baseadas nessas questões enviadas pelos alunos. As perguntas e as respostas dadas pelos alunos podem inclusive ser utilizadas como instrumentos de avaliação pelo professor.

Nessa direção, Torres e Bochniak (2006, p. 392) fazem uma proposta ainda mais radical, que denominam "atividade de questionar o conhecimento existente": o aluno não só propõe as questões da avaliação (não o professor), individualmente ou em pequenos grupos (que têm a composição constantemente alterada), mas também escolhe e responde às questões que desejar (individualmente ou em pequenos grupos, cuja composição é também constantemente alterada). A autoria da avaliação é, assim, transferida do professor para os alunos, talvez de uma maneira mais intensa do que nos casos da autoavaliação e da avaliação por pares, já que nesse caso os alunos são responsáveis também por elaborá-la e escolher aquilo com que preferem se envolver e gastar seu tempo.

Vejamos, a seguir, alguns dos instrumentos e estratégias que o professor pode utilizar em EaD.

Exercícios

Os ambientes virtuais de aprendizagem (AVAs) permitem que o professor crie uma variedade de exercícios mesmo sem conhecimentos de informática, que podem servir tanto como instrumentos de avaliação formativa quanto somativa. Normalmente, é possível criar um Banco de Questões e então selecionar as que interessam na elaboração de cada teste. As questões podem ser, entre outras opções: verdadeiro/falso, e/ou, múltipla escolha, correspondência, combinação, ordenação, preenchimento de espaços em branco, respostas curtas e mesmo redações mais longas, com muitas variações inclusive em cada um desses exercícios.

Apesar da resistência de muitos educadores em função da associação com o behaviorismo, exercícios podem ser instrumentos eficazes como uma das atividades do mix proposto de avaliações em um curso de EaD, desde que, é claro, não tenham um peso de destaque dentre as estratégias utilizadas. Apesar de sua aparente simplicidade, o design de exercícios não deve ser deprezado. Conderman e Koroghlanian (2002) oferecem dicas para desenvolver testes do tipo verdadeiro/falso, múltipla escolha e associação de colunas.

Exploraremos, a seguir, algumas opções disponíveis no Moodle que podem servir para a avaliação formativa.

Questionário

O questionário representa, no Moodle, os testes ou os exercícios de que acabamos de falar. É necessário inicialmente configurar variáveis gerais como: (a) tempo para a realização da atividade; (b) número de tentativas por parte do aluno, com a possibilidade de diminuir pontos na nota em função das tentativas erradas e mostrar para ele o que já foi respondido antes; (c) ordem em que as perguntas (e inclusive as opções de respostas) aparecem para os diferentes alunos, a cada acesso; (d) método de avaliação, ou seja, como serão calculadas as notas (pela nota mais alta, pela média, pela primeira ou pela última); (e) as possibilidades de retorno que o aluno verá após realizar a atividade: notas, respostas, feedbacks etc., incluindo se o aluno verá o retorno a cada questão respondida ou somente após o final do questionário.

Terminada a configuração da primeira página, aparece então uma nova tela que permite a inserção das perguntas.

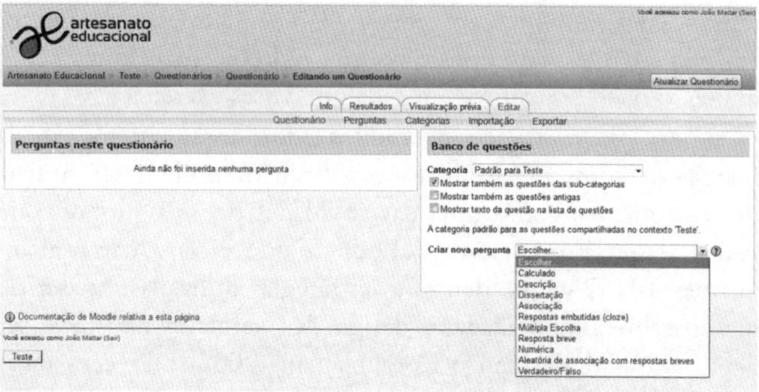

Figura 6.1 Questionário.

Fonte: Moodle (conteúdo de curso do autor).

As opções de questionário são:

- **Calculado**: questões numéricas e matemáticas.
- **Descrição**: não é propriamente uma questão, mas um texto ou outros recursos que serão utilizados como referência para uma ou mais questões que virão depois.
- **Dissertação**: questão aberta que o sistema não avalia, apenas o professor, com a interessante possibilidade de o sistema retornar um feedback geral após a resposta, igual para todos os alunos, que podem, por exemplo, desenvolver um pouco mais o tema proposto.
- **Associação**: entre colunas. É bastante utilizada, não apenas em EaD.
- **Respostas embutidas** (cloze): dissertativa para a qual o sistema retorna automaticamente um feedback geral, sem a intervenção do professor.

- **Múltipla escolha**: pode ser restrita à escolha de uma resposta única ou mais de uma resposta. Esse é o exemplo de teste mais utilizado, não apenas em EaD.
- **Resposta breve**: deve ser digitada uma palavra ou frase que precisa bater com a resposta correta, com a opção de o professor configurar diferentes respostas possíveis e diferenças entre maiúsculas e minúsculas. Mesmo assim, as opções de o sistema considerar a resposta do aluno errada são grandes, por isso não costumo utilizar muito esse tipo de questão.
- **Numérica**: respostas que envolvem valores numéricos, com margem de erro.
- **Aleatória de associação com resposta breve**: similar às questões de associação, com a diferença de que as questões são escolhidas automaticamente pelo sistema entre as perguntas de determinada categoria, selecionada na configuração.
- **Verdadeiro ou falso**: um dos problemas desse tipo de questão é que, chutando, o aluno tem 50% de chances de acertar, portanto não se pode confiar totalmente nos resultados dos acertos.

É importante registrar que as questões criadas podem ser armazenadas em um banco de dados e utilizadas em outras atividades.

Lição

A lição (nome infeliz utilizado no Moodle) permite a elaboração de uma atividade com várias páginas, incluindo apresentações e arquivos de diversos formatos, com a inclusão de questões. Sua configuração não é tão simples quanto o questionário, envolvendo vários parâmetros e fases, mas é possível preparar atividades interessantes utilizando as opções disponibilizadas no Moodle. Os tipos de questões que podem ser inseridos nas páginas são: (a) múltipla escolha, (b) verdadeiro/falso, (c) resposta breve, (d) numérica, (e) associação e (f) dissertação.

Tarefas

Tarefas é, na verdade, um título no Moodle que serve para um conjunto de diferentes atividades.

Modalidade avançada de carregamento de arquivos permite que o aluno envie um ou mais arquivos, de diferentes formatos.

Texto on-line permite que o aluno escreva um texto no formato HTML. Como garantia contra algum problema de conexão, o ideal é que o aluno trabalhe no arquivo em programas como um editor de textos ou HTML, salvando-o no computador antes de copiá-lo para o espaço da resposta.

Envio de arquivo único permite o envio de apenas um arquivo.

Por fim, **atividade off-line** é um recurso para sugestão de temas a serem debatidos fora do AVA, permitindo que o professor realize a avaliação e registre a nota posteriormente nesse espaço.

Módulos complementares

Robson Santos da Silva (2010) apresenta também outros módulos de avaliação que podem ser integrados ao Moodle, como Mobile QUIZ (questionários em formato teste para serem respondidos por meio de dispositivos móveis e celulares), HotPotatoes[1] (para produção de testes interativos, incluindo ordenação de palavras e palavras cruzadas, bastante utilizado em conjunto com o Moodle), PROPROFS e QUIBBLO (ambos para elaboração de quizzes). Além desses, há, é claro, vários outros módulos que podem ser úteis ao professor. Pesquisas e solicitações de atualizações aos administradores do sistema são, nesse sentido, procedimentos que o professor deve realizar constantemente para incorporar aqueles módulos que ele considera valiosos para seu trabalho e para a aprendizagem dos alunos.

---

[1] Disponível em: <http://hotpot.uvic.ca/>. Acesso em: 30 jun. 2011.

Avaliação somativa do aluno

A avaliação somativa é aquela que se realiza ao final do curso, para de alguma maneira mensurar o aprendizado do aluno. Os instrumentos apresentados no tópico Avaliação formativa do aluno, como exercícios, questionário, lição e tarefas, podem também ser utilizados na avaliação somativa.

É importante lembrar que os três tipos de avaliação propostos por Santos (2006) podem também ser utilizados aqui: autoavaliação, coavaliação e heteroavaliação. No caso da autoavaliação, costumo solicitar aos meus alunos que revisitem tudo o que registraram no ambiente virtual e produziram durante o semestre, de maneira que sejam estimulados a refletir sobre a construção do conhecimento durante a aprendizagem e se autoavaliar em relação ao processo completo, sugerindo a nota que consideram merecida por sua participação nas atividades e no curso. Como já comentei anteriormente, as diferenças entre a minha avaliação e a autoavaliação nessas circunstâncias não costumam em geral ser significativas.

Várias pesquisas têm indicado efeitos negativos na aprendizagem causados pelas avaliações somativas em larga escala, ou seja, testes como os nossos vestibulares, Enem etc. Harlen (2003) explora o impacto que a avaliação e os testes somativos geram no sucesso e na realização dos alunos argumentando que esses testes em larga escala podem ter um efeito negativo na performance e na atitude dos alunos em relação à aprendizagem. Jones (2007), por sua vez, examina os resultados não intencionais de testes de larga escala na instrução, nos estudantes e nos professores, concluindo que muitos dos resultados não intencionais são negativos. No vídeo Katie Couric's Notebook: Standardized Tests (CBS News),[2] Katie Couric reflete até que ponto testes-padrão e em larga escala realmente avaliam como nossas crianças vão na escola e na vida; um dos problemas negativos desses testes seria que os professores acabam

[2] Disponível em: <http://www.youtube.com/watch?v=gKFUoxGLiiQ>. Acesso em: 30 jun. 2011.

sendo obrigados a ensinar para os testes, o que limita a criatividade e afasta o ensino do mundo real dos alunos.

Alguns professores utilizam o número de acessos dos alunos ao AVA, aos materiais disponibilizados, aos posts dos colegas e às atividades, para compor a avaliação e a nota final. Embora o Moodle, assim como outros AVAs, possibilite a visualização de relatórios de acesso, esse recurso deve ser utilizado com moderação e sempre combinado com outros critérios. Nunca me esqueço de um exemplo citado em um congresso, em que um aluno tinha disparadamente o maior número de acessos em uma turma, mas uma participação muito baixa, e, quando os professores procuraram entender as razões da discrepância, descobriram que ele tinha uma conexão frágil, que falhava a todo momento, o que o obrigava a relogar e entrar novamente no AVA e nos diversos ambientes do curso. Ou seja, no caso desse aluno, o número de acessos não era um item válido ou confiável para ser utilizado na avaliação final.

É também importante notar que cursos com características mais práticas reclamam avaliações também práticas, como a performance de um instrumentista ou músico, a realização de um procedimento médico ou de saúde assistido, a encenação de uma peça de teatro, a produção de um software, um portfólio de fotos, a gravação de um vídeo etc. Nesses casos, o produto final e/ou a performance servem como momento privilegiado para a avaliação das habilidades adquiridas durante o curso. Pesquisas de campo como anotações, observações, questionários e entrevistas são também interessantes atividades que podem servir à avaliação somativa. Além, é claro, dos já tradicionais projetos ou trabalhos escritos. Vejamos mais alguns instrumentos que podem ser utilizados para a avaliação somativa.

Rubricas

A avaliação tem se transformado em uma questão cada vez mais crítica no ensino superior, gerando inúmeras reclamações por parte dos alunos e inclusive processos judiciais. Os alunos esperam notas elevadas simplesmente por participarem das aulas e cumprirem as atividades solicitadas pelos professores. A qualidade do trabalho final do aluno é muitas vezes confundida com a quantidade de esforço despendida – se eu trabalhei muito, deveria necessariamente ter uma nota alta.

Fora do Brasil, é muito comum a utilização de rubricas para avaliação, com critérios bastante detalhados. Para a participação em fóruns, por exemplo, a nota pode estar dividida em número de posts (valendo 20), qualidade da informação (40), profissionalismo (20) e prazos (20), com uma divisão em cada um desses itens em colunas 90%-100%, 60%-89%, 30%-59% e 0%-29%, preenchidas com a discriminação do que o aluno precisa fazer para tirar uma nota em cada cruzamento.

10% of total grade	EXCEEDS EXPECTATION	MEETS EXPECTATION	FALLS BEL EXPECTATI
REFLECTION PAPER	9 - 10	8 - 8.9	
Contains a metaphorical description of ID.	A creative metaphor that is made applicable through a lucid description of it and clear explanation of it.	A metaphor that is made applicable through a description of it and explanation of it.	A metaphor to make no because it i described w is not expla
Reflection on learning	Student writes a clearly worded and organized synthesis (bringing together concepts) and reflection (tying to prior experience) about his/her experiences in ID. Examples are strongly tied to the reflection.	Student writes a clearly worded and organized synthesis (bringing together concepts) and reflection (tying to prior experience) about his/her experiences in ID. Examples are strongly tied to the reflection.	Other negat the lack of a synthesis (t together co reflection (t experience) used are we missing.
Application of ID skills to educational technology	Student writes a clearly worded explanation of how ID might relate to his/her future work in EdTech.	Student writes a clearly worded explanation of how ID might relate to his/her future work in EdTech.	Students th scattered, u or missing.

Figura 6.2 Rubrica.

Fonte: Disciplina Instructional Design, ministrada em 2010 na Boise State University.

É possível questionar se critérios de avaliação assim tão rígidos não engessam o curso, matando a criatividade. Entretanto, as rubricas podem ser mais abertas ou detalhadas, dependendo do design da avaliação elaborado pelo professor. Critérios de avaliação pouco claros podem proporcionar mais liberdade de criação, mas podem também gerar mais tensão na justificativa da nota para o aluno. A realidade é que os alunos serão avaliados e querem tirar a melhor nota possível por diversos motivos: muitas vezes recebem bolsa de estudos que está atrelada ao seu desempenho na instituição; serão cobrados pelos próprios pais, que muitas vezes pagam as mensalidades; simplesmente desejam ter um boletim exemplar; ou apenas para sua autoestima. Por isso, é natural que os alunos queiram saber como serão avaliados e as razões que possam levá-los a, por exemplo, perder sua bolsa de estudos.

Com a explicitação de critérios de avaliação, esperamos ter algo definido, observável e mensurável, que possa inclusive gerar motivação para o desenvolvimento do trabalho do aluno. As rubricas permitem definir níveis de qualidade para o produto esperado dos alunos, mantendo a flexibilidade. Usar rubricas para atividades mais criativas e construtivistas, entretanto, torna-se realmente um desafio bastante complexo, pois teríamos que definir os atributos da criatividade que estão sendo buscados nas atividades e no desempenho do aluno.

Independentemente disso, rubricas desempenham um papel essencial na credibilidade das instituições de ensino. Sem as rubricas e os trabalhos dos alunos, as instituições norte-americanas não teriam evidências dos seus resultados, podendo faltar inclusive apoio financeiro a uma instituição que fosse desacreditada. A questão em EaD é ainda mais crítica, porque todos sabemos que cursos a distância são ainda desacreditados por muitos.

O *Kathy Schrock's Guide for Educators*[3] tem uma página sobre avaliação,[4] com inúmeras informações e links para rubricas. Confira também modelos de rubricas para vídeos,[5] o interessante e longo artigo "Creating rubrics",[6] uma rubrica para a avaliação de WebQuests[7] e uma lista de rubricas para diversos tipos de trabalhos.[8] Um software bastante utilizado para a elaboração de rubricas é Rubistar.[9]

Cabe registrar que a palavra *rubrica* tem origem nos manuscritos medievais, indicando orientações para os serviços litúrgicos e o que deveria ser falado em missas. Outra escolha de nome infeliz! Tenho trabalhado, há algum tempo, um dicionário às avessas para a EaD, "corrigindo" nomes e expressões como tutor, design instrucional, conteúdo e, por que não, rubrica!

A pressão cada vez maior dos nossos alunos por clareza nos critérios de avaliação talvez nos leve a seguir o mesmo caminho que as instituições norte-americanas seguiram, ou seja, alterar a nossa prática e utilizar mais as rubricas.

Portfólios

Portfólios são conjuntos de trabalhos de um artista ou profissional (designer, desenhista, cartunista, fotógrafo etc.), usados para divulgação entre clientes potenciais e editores, por exemplo. Podem

---

[3] Disponível em: <http://school.discoveryeducation.com/schrockguide/>. Acesso em: 30 jun. 2011.

[4] Disponível em: <http://school.discoveryeducation.com/schrockguide/assess.html>. Acesso em: 30 jun. 2011.

[5] Disponível em: <http://www.uwstout.edu/soe/profdev/videorubric.html>. Acesso em: 30 jun. 2011.

[6] Disponível em: <http://www.teachervision.fen.com/teaching-methods-and-management/rubrics/4521.html>. Acesso em: 30 jun. 2011.

[7] Disponível em: <http://webquest.sdsu.edu/webquestrubric.html>. Acesso em: 30 jun. 2011.

[8] Disponível em: <http://www.uwstout.edu/soe/profdev/rubrics.shtml>. Acesso em: 30 jun. 2011.

[9] Disponível em: <http://rubistar.4teachers.org/index.php>. Acesso em: 30 jun. 2011.

incluir a coleção de pinturas de um artista, músicas compostas e interpretadas por um músico, contos escritos por um escritor, um conjunto de projetos de design instrucional criados por um indivíduo ou um grupo, os trabalhos de pesquisa e de criação (artigos, apresentações, projetos multimídia) de um professor universitário, ou os trabalhos desenvolvidos por um aluno.

Os e-portfólios (ou portfólios digitais) passaram a ser adotados com sucesso em EaD, tanto porque possibilitam o registro do processo de aprendizagem, autoria e interação com colegas e professores, quanto porque servem muito bem como instrumentos de avaliação somativa.

Batson e Watson (2011) analisam o fenômeno de que quase metade das faculdades e universidades norte-americanas utiliza portfólios. Um texto ou livro impresso é estático, em dissonância com a era digital, não sendo, portanto, mais adequado como entidade organizadora central mais importante para o aprendizado. O conhecimento em qualquer campo é hoje um alvo móvel, e o portfólio eletrônico do aluno estaria superando o livro como elemento de organização mais útil, pois se caracteriza como espaço de organização dinâmico em um processo de conhecimento dinâmico, em que a construção do conhecimento e a pesquisa são muito mais rápidas do que antes. Eles são em vários sentidos o novo livro, localizados no centro do processo de aprendizagem como o espaço de aprendizagem mais apropriado e produtivo nesta era pós-Web 2.0.

Nos portfólios, os alunos podem registrar suas reflexões sobre as pesquisas e avaliações de fontes de informações diversas. O papel do professor, por consequência, pode se tornar o de auxiliar os alunos a construir sua coleção de recursos e reflexões, de maneira que essa coleção esteja alinhada com o pensamento corrente na área.

Batson e Watson (2011) mencionam ainda o interessantíssimo *International Journal of ePortfolio*,[10] que começa a ser publicado pela Virginia Tech no segundo semestre de 2011, com acesso aberto. Uma publicação para acompanhar de perto.

Pesquisa de avaliação

Esta atividade pré-formatada, disponível no Moodle, oferece alguns questionários para a reflexão do aluno sobre suas expectativas, a maneira como aprende e sua participação no curso, entre outras variáveis. Há hoje dois formatos disponíveis: ATTLS (pesquisa de atitudes e pensamentos da aprendizagem, que utiliza como referência o instrumento de avaliação desenvolvido por Galotti) e Colles (pesquisa de aprendizagem construtivista em ambientes de ensino de aprendizagem), cada um por sua vez com opções. Reproduzimos no quadro, a seguir, exatamente o texto de dúvidas do Moodle sobre o tipo de pesquisa de avaliação, por sua riqueza e ampla utilização de referências. Contudo, cabe lembrar que o professor pode desenvolver seu próprio instrumento similar para avaliação da aprendizagem, utilizando recursos do próprio AVA ou formulários como o do Google Docs.

Tipos de avaliação de curso disponíveis

Atualmente a plataforma tem dois tipos de questionários de avaliação de curso específicos, desenvolvidos para a avaliação de percursos de aprendizagem on-line e baseados em teorias construtivistas.

Com base nos resultados desses questionários, podem-se identificar os fenômenos sociais e tendências individuais que caracterizam os processos de aprendizagem ao longo do curso, com o objetivo de avaliar a adequação das práticas adotadas e otimizar esses processos. Uma análise mais completa sobre o uso desses questionários (em inglês) está disponível no site: <http://dougiamas.com/writing/herdsa2002>.

[10] Disponível em: <http://www.theijep.com>. Acesso em: 30 jun. 2011.

Constructivist On-Line Learning Environment Survey (Colles)

O questionário Colles é formado por 24 declarações distribuídas em seis grupos, cada uma relativa a um ponto crucial de avaliação da qualidade do processo de aprendizagem no ambiente virtual:

Relevância: Quão relevante é o processo de aprendizagem para a vida profissional do participante?

Reflexão crítica: As atividades on-line estimulam os processos de reflexão crítica dos alunos?

Interação: Até que ponto os diálogos on-line são ricos, considerando um contexto educativo?

Apoio dos tutores: Em que medida as atividades dos tutores favorecem o desenvolvimento de habilidades de participação no curso on-line?

Apoio dos colegas: Os colegas se apoiam e se encorajam mutuamente de um modo sensível?

Compreensão: Os participantes e os tutores compreendem bem as comunicações recíprocas?

O construtivismo social tem como fundamento teórico a visão da aprendizagem como processo dinâmico. A aprendizagem é vista como uma atividade de elaboração conceitual em um ambiente caracterizado pela interação social. O construtivismo social é uma epistemologia, ou modo de saber, em que o novo conhecimento é construído através da colaboração recíproca, especialmente em um contexto de intercâmbio de experiências pessoais.

Um elemento central para a colaboração recíproca é o desenvolvimento de competências de comunicação, ou seja, a habilidade de participar nas discussões com colegas e tutores de modo construtivo. As discussões devem ser orientadas à compreensão mútua, e as atividades à reflexão crítica.

O questionário Colles foi projetado para monitorar as práticas de aprendizagem on-line e verificar em que medida essas práticas se configuram como processos dinâmicos favorecidos pela interação.

Attitudes Towards Thinking and Learning Survey (ATTLS)

A teoria dos "modos de saber", originalmente desenvolvida no campo da pesquisa sobre as diferenças entre os sexos (BELENKY et al., 1986), compreende um instrumento de pesquisa para examinar a qualidade do discurso em um ambiente colaborativo.

O questionário ATTLS é um instrumento desenvolvido por Galotti et al. (1999) para medir em que proporção uma pessoa tem um saber "conectado" (CK) ou um saber "destacado" (SK).

Pessoas com valores CK maiores tendem a ver os processos de aprendizagem como experiências prazerosas, cooperam com maior frequência, procuram ser agradáveis e demonstram interesse em construir a partir da ideia dos outros, enquanto as pessoas com valores SK mais altos tendem a ter uma posição mais crítica e criar polêmicas.

Os estudos demonstraram que esses dois estilos de aprendizagem são independentes (GALOTTI et al., 1999; GALOTTI; REIMER; DREBUS, 2001). Além disso, são apenas reflexos das atitudes em relação à aprendizagem, e não das capacidades de aprender ou do poder intelectual.

Fonte. O conteúdo do questionário Colles foi adaptado dos textos publicados pelos autores do questionário, disponível em: <http://surveylearning.com/colles/>. Acesso em: 30 jun. 2011; o conteúdo do questionário ATTLS foi baseado em Belenky et al. (1986), Galotti et al. (1999) e Galotti; Reimer; Drebus, 2001.

Avaliação 2.0

Vimos até aqui diversos instrumentos e estratégias que podem ser utilizados em EaD. Mas quais deles estariam efetivamente em consonância com uma educação nas bases propostas neste livro até agora? Uma tentativa de responder a essa pergunta é o post *Grading 2.0: evaluation in the digital age*[11] sobre avaliação na era digital, que gerou uma interessante discussão mediada por John Jones, Dixie Ching e Matt Straus, e que serve para encerrar esta parte do capítulo.

As mudanças geradas pelas novas tecnologias da informação têm levado os educadores a questionar se nossos modelos de avaliação são compatíveis com a maneira pela qual nossos alunos deveriam estar aprendendo e com as habilidades que eles precisam adquirir para competir na era da informação. Como alinhar adequadamente técnicas para dar notas e avaliar a maneira pela qual nossos alunos aprendem hoje?

O padrão de ensinar para a prova (ou para os testes de larga escala, como vimos) foca especificamente os resultados "testáveis". Esse padrão está desconectado de todas as habilidades de criação, produção, remixagem e rede que os alunos desenvolvem

[11] Disponível em: <http://www.hastac.org/forums/hastac-scholars-discussions/grading-20-evaluation-digital-age>. Acesso em: 30 jun. 2011.

em seu envolvimento diário com novas mídias. Ademais, o sistema de avaliação tradicional tende a medir os alunos individualmente, através de testes de múltipla escolha e perguntas com resposta escrita. Com o desenvolvimento de práticas de ensino que incluam mais projetos em grupo e que envolvam o uso de ferramentas inteligentes para resolver problemas ou comunicar ideias, ficará cada vez mais difícil avaliar alunos nos moldes tradicionais. Além disso, os testes atuais, amplamente utilizados, não são projetados para medir quão bem os alunos aplicam seus conhecimentos a novas situações.

Pode-se ainda questionar: como as novas mídias digitais podem ser usadas para desenvolver novas estratégias para dar notas e avaliar? Um exemplo mencionado é o post de Cathy Davidson, *How to crowdsource grading*,[12] em que ela expõe o método de avaliação que utilizou em um de seus cursos, com atividades avaliadas pelos pares, notas dadas basicamente em função da realização das atividades e possibilidade de refazer os trabalhos que não foram avaliados positivamente pelos colegas. O post original de Davidson gerou também várias reações, dando origem a uma sequência bastante interessante: *Crowdsourcing grading: follow-up*,[13] em que ela faz uma reflexão sobre a avaliação. Não nos lembramos de nossas melhores experiências de avaliação, apesar de nos lembrarmos de nossas melhores experiências de ensino. É necessário também avaliar a avaliação! Tornamo-nos culturalmente obcecados com avaliações. Os métodos de avaliação que usamos hoje nascem com a medição de produtividade dos operários em Taylor e as medições de produtividade cerebral em Francis Galton. Ainda nos baseamos nos testes de Binet, transformados (ignorando seus protestos) em testes de QI pelos militares norte-americanos para recrutamento na Primeira Guerra Mundial.

---

[12] Disponível em: <http://www.hastac.org/blogs/cathy-davidson/how-crowdsource-grading>. Acesso em: 30 jun. 2011.

[13] Disponível em: <http://www.hastac.org/blogs/cathy-davidson/crowdsourcing-grading-follow>. Acesso em: 30 jun. 2011.

Como, então, dar notas, avaliar, ensinar, aprender e estruturar a experiência de aprendizagem para alunos na era digital, na qual as experiências de aprendizagem são muito mais variadas e acessíveis do que antes? O post[14] cita uma série de exemplos e propõe interessantes questões para discussão, apresentadas a seguir:

1. Tecnologia e avaliação
   - Como os educadores podem aproveitar as propiciações (*affordances*) das mídias digitais para criar modelos de avaliação mais eficientes em tempo, inteligentes e eficazes?
   - Como podemos usar novas tecnologias e novas compreensões sobre a mente e a cognição para nos ajudar a construir melhores métricas, rubricas e assim por diante?
   - O que as tecnologias emergentes podem nos ensinar sobre métodos de avaliação? Como seria o instrumento de avaliação perfeito para o conteúdo produzido pelo usuário?
2. Avaliação e pedagogia
   - Como podemos desenvolver lições, projetos, experiências em sala de aula e currículos que reflitam as mudanças na tecnologia e nas habilidades?
   - O que significa desenhar um curso que leve a sério a ideia de que o aprendizado pode ocorre através dessas tecnologias digitais, desses novos modelos de dar notas e avaliação e dessas novas habilidades midiáticas?
   - Como podemos preparar nossos alunos para o trabalho social, global e colaborativo em muitos dos ambientes profissionais de hoje?
   - Obviamente, o desenvolvimento e a implementação dessas estratégias tomam muito tempo e esforço dos professores. Com a pressão cada vez maior sobre os professores e os departamentos, como podemos lidar com inovadores que já estão atormentados por limitações de tempo e energia?
3. Tudo pode ser avaliado?

---

[14] Disponível em: <http://www.hastac.org/forums/hastac-scholars-discussions/grading-20-evaluation-digital-age>. Acesso em: 30 jun. 2011.

- Quão importante é a criatividade e como lidar com conceitos subjetivos de maneira objetiva em avaliação?

4. Avaliando as estratégias de avaliação
   - Como avaliar novos modelos de avaliação que criamos?
   - O que é consistente em relação a todas essas formas de avaliação? Quais são as constantes nas atividades de avaliação e de atribuir notas?
   - O grande problema da desigualdade no acesso à tecnologia e à alfabetização digital deveria ser considerado. Então, como considerar essas diferenças em nossas classes, escolas e países?

Em "Media literacy: making sense of new technologies and media",[15] Siemens critica a discussão no HASTAC. Segundo ele, dar notas é uma perda de tempo. Nós só fazemos isso em escolas e universidades. Trata-se de uma técnica de triagem, não verdadeiramente de avaliação. Feedback iterativo e formativo é o que é realmente necessário para o aprendizado; e isso é atingido através do envolvimento ativo e da contribuição para redes de aprendizes. Os autores do post no HASTAC não estão tentando acabar com a atividade de dar notas (como Siemens gostaria de sugerir que deveríamos), e sim usar a tecnologia para tornar a atividade mais "moderna" ou "em linha" com as necessidades da sociedade de hoje. Siemens acha que essa é a maneira errada de fazer isso, pois deveríamos questionar o modelo, e não modernizá-lo.

Num cenário limítrofe, pode-se sonhar com a abolição da avaliação, entendida como uma atividade de atribuir notas a alunos. O *Proyecto Facebook* (PISCITELLI; ADAIME; BINDER, 2010, p. XVIII), já analisado no capítulo 4, caminhou nessa direção:

> La abolición de la evaluación dentro del Proyecto Facebook se combinó con un cambio de valoración del régimen de producción, el cual pasó de estar centrado en lo escritural y se afincó en lo audiovisual, que era un territorio virgen para la mayoría de los (no)

---

15 Disponível em: <http://www.masternewmedia.org/media-literacy-making-sense-of-new-technologies-and-media_2009_11_28/>. Acesso em: 30 jun. 2011.

alumnos, que jamás había hecho un video, mucho menos lo había guionado; menos aún dirigido ni, en casos extremos, había actuado en uno. Ello llevó a generar productos que deben ser apreciados más que evaluados, que deben ser tomados como ejemplos antes que como clones textuales, que encarnan nuestra ignorancia antes que nuestra supuesta sapiencia.

Case UVB

Tive a oportunidade de desenvolver um interessante projeto de design de avaliação enquanto fui professor do Instituto Universidade Virtual Brasileira (UVB).[16] O grupo de professores que ministrava as disciplinas semestrais reunia-se a cada duas semanas para, dentre outros pontos, discutir a avaliação. Havia tarefas semanais para os alunos realizarem no AVA, específicas para cada disciplina, mas além disso definíamos desde o início do semestre um tema norteador de todas as disciplinas, que era adequadamente comunicado aos alunos e também acabava por permear várias dessas atividades específicas e semanais de avaliação. Com frequência, então, dicas iam sendo fornecidas aos alunos sobre como o tema seria abordado na avaliação final, sempre presencial.

No dia da avaliação presencial, realizada em vários polos do UVB, os alunos recebiam um case para resolver em grupo, case que tinha sido costurado durante todo o semestre pelos professores responsáveis pelas disciplinas. Nele, procurávamos incluir elementos trabalhados nas diversas disciplinas. Os alunos tinham então um sábado inteiro para resolvê-lo, podendo consultar a biblioteca do polo e as anotações e textos que tivessem trazido, além de qualquer outro recursos ou fonte, assim como navegar livremente na Internet.

O case era sempre aberto, ou seja, não existia uma solução única para a proposta. Os grupos, ao final do sábado, deveriam entregar seu relatório com uma proposta para a resolução do case, devidamente fundamentado em bibliografia utilizada durante o semestre e/ou que os alunos tivessem consultado durante o dia.

---

16 Disponível em: < http://www.uvb.br/>. Acesso em: 30 jun. 2011.

Esses relatórios eram posteriormente avaliados por todos os professores das disciplinas daquela turma e daquele semestre, como em uma banca, o que garantia maior confiabilidade e legitimidade para a avaliação. Os alunos obviamente não recebiam apenas uma nota para essa atividade somativa, mas um longo texto (elaborado a várias mãos pelos professores) que comentava as soluções propostas, suas falhas, as boas ideias desenvolvidas pelo grupo, as relações que faltaram no que diz respeito aos materiais trabalhados durante o semestre nas disciplinas e assim por diante.

Essa nota, obviamente, não era a nota final do aluno na disciplina no semestre – ela se misturava com as notas das atividades individuais e em grupo realizadas pelo aluno no período.

O formato e o aspecto dinâmico da avaliação foram sempre muito elogiados pelos alunos.

Avaliação de cursos

Evaluation em inglês significa avaliação de programas, currículos, processos, procedimentos, projetos, produtos ou cursos, ao contrário de *assessment*, que, como vimos, envolve a avaliação dos alunos. Se muitas vezes resistimos a refletir e alterar nossas práticas de avaliação dos alunos, o desinteresse e a resistência de professores em relação à avaliação de cursos são ainda maiores, apesar de sermos hoje pressionados a participar de avaliações institucionais, num nível bem mais amplo.

Da mesma maneira que na avaliação dos alunos, a avaliação de cursos pode ser dividida basicamente em formativa (enquanto os cursos etc. estão sendo desenvolvidos) e somativa (quando os cursos já estão prontos).

O clássico modelo de Kirkpatrick (apud OWSTOW, 2008) propõe quatro níveis de avaliação:

a) **reação**: satisfação dos participantes com o programa (medida, por exemplo, nas avaliações de cursos);

b) **aprendizagem**: mudança de atitudes e aumento do conhecimento e das habilidades dos participantes (medida, por exemplo, em provas e exames);
c) **comportamento**: mede como conhecimento, habilidades e atitudes são transferidos para o trabalho ou outra situação, tal como um curso subsequente;
d) **resultados**: mudanças que ocorreram na organização em consequência do curso, tais como aumento da produtividade e melhora na administração e na qualidade.

Ao considerar especificamente programas baseados em tecnologia, há vários pontos que podem ser avaliados, como a estrutura do ambiente, as interações, os efeitos, a facilidade de uso, a rapidez com que um curso pode ser desenvolvido e atualizado etc. Owston (2008) ressalta a importância de definir a audiência para a qual a avaliação servirá, o design da avaliação, as fontes de informação e formas de análise dos dados, e por fim a disseminação dos resultados da avaliação. Lembra ainda que a avaliação educacional não precisa se limitar aos objetivos definidos pelo programa, podendo também levar em consideração os resultados alcançados que não estavam definidos previamente.

Posavac e Carey (1985) apresentam os passos para a avaliação antes do início da coleta de dados. São propostos seis passos para planejar uma avaliação:

1. identificar as pessoas relevantes;
2. organizar reuniões preliminares para debater diversos aspectos da avaliação;
3. decidir se a avaliação deve ou não ser realizada;
4. examinar a literatura sobre o tema;
5. determinar a metodologia (estratégias e design, população e amostragem, grupos de controle e comparação, medidas operacionais, coleta de dados e análise estatística);
6. apresentar uma proposta escrita.

Os autores discutem também várias formas de resistência a projetos de avaliação: superestimativa dos resultados por parte dos participantes; dependência de um estilo específico de avaliação; medo de que a avaliação inibirá a inovação; medo de que o programa avaliado seja encerrado; medo de que a informação colhida será utilizada além da própria avaliação; medo de que os métodos quantitativos sejam inadequados e os métodos de avaliação insensíveis; a avaliação drene dinheiro do programa; e a avaliação tenha pouco impacto.

Cabe notar que, nas avaliações de cursos ou programas, lidamos com dois tipos de dados: qualitativos (ou numéricos) e quantitativos, relacionados a narrativas verbais baseadas em observações, entrevistas, pesquisas, estudos de caso e artefatos e documentos existentes. Diversos instrumentos podem ser utilizados para a coleta de dados: entrevistas (que podem ser estruturadas, semiestruturadas ou não estruturadas), escalas (como a escala de Likert), completar sentenças (apresentadas de diversas maneiras), testes-padrão e análises de observação. Há uma riqueza de estratégias para a utilização desses instrumentos que à primeira vista parecem muito simples; portanto, é necessário que o professor estude um pouco essas opções para elaborar instrumentos ricos e que sejam úteis para suas avaliações.

Avaliação formativa do curso

Submeter materiais desenvolvidos para EaD à avaliação de terceiros antes de sua implementação é um procedimento de boas práticas que minimiza uma série de problemas potenciais e comuns. Nisso consiste a avaliação formativa de cursos, que pode medir, por exemplo, a usabilidade dos cursos na perspectiva de uma amostra dos alunos potenciais.

Segundo Smith e Ragan (2005), entretanto, os produtores comerciais de materiais instrucionais (softwares ou livros-texto) não costumam conduzir avaliações formativas. Muitas vezes eles enviam cópias de materiais instrucionais para treinadores ou professores para obter suas opiniões, mas, em geral, esse material já está na forma final, em que revisões substanciais não são mais possíveis. Para textos, apenas a primeira fase das quatro que serão apresentadas a seguir (revisão de um especialista) tem sido normalmente utilizada pela indústria editorial. Além disso, professores e treinadores não são as melhores fontes de informação para prever a eficiência dos materiais, mas sim os próprios aprendizes. E, além da opinião dos aprendizes sobre a qualidade de um curso, deve-se procurar medir o aprendizado resultante.

Os autores descrevem quatro estágios da avaliação formativa: (a) revisões do design, (b) revisões de especialistas, (c) validação por aprendizes e (d) avaliação contínua (Figura 6.3).

As **revisões do design** ocorrem antes do início do desenvolvimento dos materiais instrucionais. Podem envolver revisões dos objetivos, da análise do ambiente e dos aprendizes, da análise de tarefas e das especificações das avaliações (dos aprendizes) e dos planos.

As **revisões de especialistas** ocorrem em geral após o desenvolvimento dos materiais (ainda em forma de esboço), mas

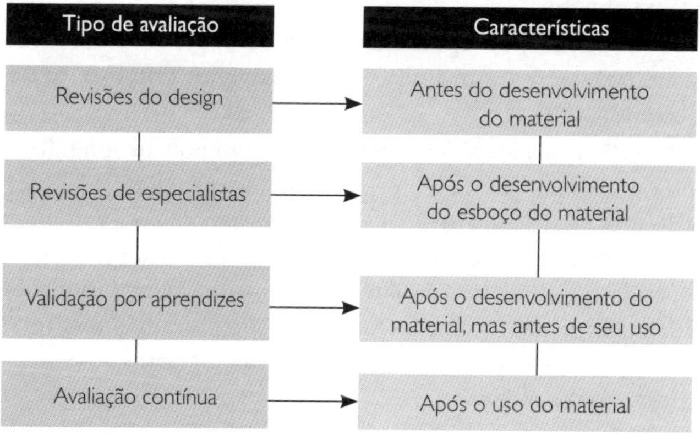

Figura 6.3 Estágios da avaliação formativa de programas ou cursos.
Fonte: Elaborado com base em Smith e Ragan (2005).

antes de seu uso efetivo com os aprendizes. Podem envolver especialistas em conteúdo, em design instrucional, na educação do conteúdo específico ou em aprendizes (como professores), devendo se dar maior relevância às observações feitas nas suas respectivas áreas de especialidade. Perguntas que podem ser respondidas nesta fase:

a) O conteúdo é adequado e atualizado?
b) O conteúdo apresenta uma perspectiva consistente?
c) Os exemplos, exercícios práticos e feedback são realistas e adequados?
d) A abordagem pedagógica é consistente com a teoria instrucional atual na área do conteúdo?
e) A instrução é apropriada para os aprendizes-alvo?
f) As estratégias instrucionais são consistentes com os princípios de teoria instrucional?

Algumas observações feitas por especialistas nessa fase podem ser utilizadas para a elaboração de perguntas para os aprendizes na fase seguinte.

A **validação por aprendizes** pode ser realizada em três fases: avaliação um a um, avaliação em pequenos grupos e testes de campo.

A *avaliação um a um* deve ser realizada com poucos aprendizes (dois ou três seriam suficientes). Os tipos de erro que podem ser localizados nesse estágio incluem: erros tipográficos, sentenças pouco claras, orientações ruins ou inexistentes, exemplos inapropriados, vocabulário não familiar, páginas ou figuras rotuladas inadequadamente, ilustrações que não comunicam intenção e frames em sequências incorretas. As perguntas gerais que podem ser respondidas incluem:

a) Os aprendizes compreendem a instrução?
b) Os aprendizes sabem o que fazer durante a prática e os testes?

c) Os aprendizes conseguem interpretar os gráficos no texto?
d) Os aprendizes conseguem ler todo o material textual?

Podem ser utilizados procedimentos como testes e leitura em voz alta enquanto o aprendiz interage com o material.

Para Dick e Carey (1991), as avaliações um a um poderiam envolver, entre outros, os critérios de clareza, impacto e viabilidade. A seguir, o quadro apresenta os tipos de informação adequados para cada um desses critérios, desenvolvidos pelos autores.

Avaliações um a um

1. Clareza da instrução
   a. **mensagem:** nível de vocabulário, complexidade das sentenças e da mensagem, introduções, elaborações, conclusões e transições;
   b. **articulações:** contextos, exemplos, analogias, ilustrações, demonstrações, revisões e resumos;
   c. **procedimentos:** sequência, tamanho do segmento, transição, ritmo e variação.
2. Impacto no aprendiz
   a. **atitudes:** relevância, ou seja, utilidade da informação e habilidades; confiança, ou seja, quão fácil/difícil a informação e as habilidades são para o aprendizado; e satisfação com as habilidades aprendidas;
   b. **sucesso:** clareza das orientações e itens para as avaliações propostas, e notas nas avaliações propostas.
3. Viabilidade
   a. **aprendiz:** maturidade, independência e motivação;
   b. **recursos:** tempo, equipamento e ambiente.

Fonte: Elaborado a partir de Dick e Carey (1991).

Avaliação em pequenos grupos procura avaliar a instrução com mais aprendizes e prescinde da intervenção do designer, que deve atuar mais passivamente, como observador. Questões que podem ser respondidas nesta fase incluem:

a) Os aprendizes possuem as habilidades de entrada previstas?
b) Eles tiveram sucesso com a instrução (se não, quais revisões são necessárias)?
c) Eles possuem habilidades não previstas?
d) Quanto tempo os aprendizes levam para completar a instrução?
e) Como eles se sentem em relação à instrução?
f) Se seus sentimentos são negativos, como eles afetam seu rendimento?
g) Que revisões são necessárias para melhorar suas atitudes em relação à instrução?

Durante essa fase, os alunos devem lidar com a instrução como se estivessem no seu ambiente real de aprendizagem.

Testes de campo, por fim, procuram simular o ambiente em que a instrução será aplicada numa situação real com um grande número de alunos, no mínimo trinta, como uma revisão final.

Todos os dados colhidos nessa fase de testes, em quaisquer das etapas, devem ser utilizados para a revisão do design do material antes de seu uso efetivo com os alunos. No final deste capítulo, você encontrará um case em que apliquei vários dos passos sugeridos por Smith e Ragan (2005), com resultados bastante interessantes.

Avaliação somativa do curso

Passada a fase de revisão do curso em função dos resultados obtidos na avaliação formativa, é possível realizar um último tipo de avaliação, a somativa. Ela pode ser realizada tanto antes do uso do material com alunos, para orientar a decisão sobre sua adoção (por exemplo, por uma instituição que não o tenha desenvolvido), quanto depois que o material já está sendo utilizado pelos alunos, para orientar a decisão sobre sua manutenção.

É interessante que a avaliação somativa seja realizada por especialistas externos à instituição que desenvolveu o material ou que está pensando em adotá-lo, utilizando, por exemplo, pesquisas de campo com o público-alvo.

Boulmetis e Dutwin (2005) apontam três estratégias distintas para a realização de uma avaliação somativa de um curso ou projeto: a *eficiência* mediria a relação entre os custos e os resultados, a *eficácia* mediria a relação entre os objetivos e os resultados e o *impacto* mediria como o curso mudou o comportamento em determinado período de tempo.

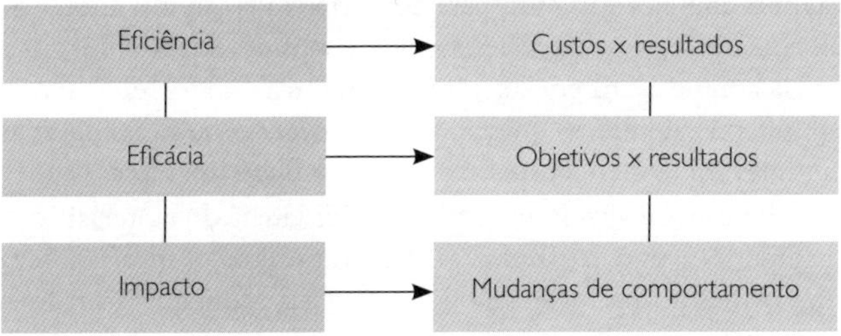

Figura 6.4 O que se medir numa avaliação somativa de curso.

Fonte: Elaborada de Boulmetis e Dutwin (2005).

É possível também pensar em mensurar a transferência do aprendizado gerado pelo curso. O importante é que a avaliação somativa seja refeita periodicamente, para que se possa reavaliar todos esses fatores e, caso necessário, revisar ou descontinuar o curso.

Case Anhembi

Tive a oportunidade de aplicar vários dos procedimentos de avaliação formativa, sugeridos por Smith e Ragan (2005) no processo de produção de uma disciplina on-line de filosofia para a Universidade Anhembi Morumbi.

O texto inicialmente produzido para oito aulas foi revisado por um especialista, na verdade a professora que já vinha atuando com os alunos e que conhecia bem o conteúdo. Suas sugestões de alterações, exclusões ou inclusões foram consideradas na primeira revisão do material.

Uma nova versão em texto foi transformada em arquivos de Flash. Fiz então inicialmente alguns *testes um a um* com alunos que tinham o mesmo perfil dos alunos que fariam a disciplina on-line, em que atuei basicamente como um observador passivo, prestando atenção em todos os detalhes, enquanto os alunos percorriam as aulas. Cronometrei os tempos para conclusão, observei o tempo que eles gastavam para percorrer cada página, anotei os links ou botões em que eles supostamente deveriam clicar, mas não clicavam e assim por diante. Orientei os alunos de que eu não responderia a nenhuma questão, mas uma vez ou outra fiz algumas perguntas para entender melhor algum comportamento.

Além disso, realizei uma avaliação a distância do material com um grande grupo (ao redor de trezentos alunos) que também tinha o mesmo perfil do público que faria a disciplina on-line. Nesse caso, os alunos percorriam uma aula e respondiam a um questionário elaborado especialmente para a avaliação. Depois de se identificar com nome e curso que fazia, além de indicar a aula escolhida, o aluno preenchia o seguinte formulário (desenvolvido no Google Docs):

Critérios de avaliação
Você dará uma nota numa escala de 0 (zero) a 10 (dez) para os itens indicados a seguir, ou seja, 0 (zero) significa que você avalia o item muito negativamente na aula, e 10 (dez) muito positivamente.
Clareza da aula

Objetivos da Unidade * primeira seção da aula											
Inadequado	1 ❑	2 ❑	3 ❑	4 ❑	5 ❑	6 ❑	7 ❑	8 ❑	9 ❑	10 ❑	Adequado
Para Refletir * seção que aparece logo após os Objetivos da Unidade e apresenta um case											
Inadequado	1 ❑	2 ❑	3 ❑	4 ❑	5 ❑	6 ❑	7 ❑	8 ❑	9 ❑	10 ❑	Adequado
Orientações * orientações gerais sobre como explorar a aula											
Inadequado	1 ❑	2 ❑	3 ❑	4 ❑	5 ❑	6 ❑	7 ❑	8 ❑	9 ❑	10 ❑	Adequado
Organização * organização geral da aula: começo, meio, fim, conclusão etc.											
Inadequado	1 ❑	2 ❑	3 ❑	4 ❑	5 ❑	6 ❑	7 ❑	8 ❑	9 ❑	10 ❑	Adequado
Transições * mudanças de um tema a outro, de uma seção à outra etc.											
Inadequado	1 ❑	2 ❑	3 ❑	4 ❑	5 ❑	6 ❑	7 ❑	8 ❑	9 ❑	10 ❑	Adequado
Nível do Vocabulário * dificuldades, palavras desconhecidas e sem explicação etc.											
Inadequado	1 ❑	2 ❑	3 ❑	4 ❑	5 ❑	6 ❑	7 ❑	8 ❑	9 ❑	10 ❑	Adequado
Complexidade das Orações * nível de dificuldade durante a leitura											
Inadequado	1 ❑	2 ❑	3 ❑	4 ❑	5 ❑	6 ❑	7 ❑	8 ❑	9 ❑	10 ❑	Adequado
Exemplos * utilizados para ilustrar conceitos durante a aula											
Inadequado	1 ❑	2 ❑	3 ❑	4 ❑	5 ❑	6 ❑	7 ❑	8 ❑	9 ❑	10 ❑	Adequado

Ilustrações e Imagens * enriquecem o texto?											
Inadequado	1 ❑	2 ❑	3 ❑	4 ❑	5 ❑	6 ❑	7 ❑	8 ❑	9 ❑	10 ❑	Adequado
Tamanho da Aula * tempo que você levou para assistir à aula											
Inadequado	1 ❑	2 ❑	3 ❑	4 ❑	5 ❑	6 ❑	7 ❑	8 ❑	9 ❑	10 ❑	Adequado
Clareza – comentário geral * Faça um comentário geral sobre a clareza da aula, levando em consideração os itens avaliados e outros pontos que você considere importante. Por favor, procure ser sucinto.											
Conteúdo											
Dificuldade * grau de dificuldade dos conceitos apresentados											
Inadequado	1 ❑	2 ❑	3 ❑	4 ❑	5 ❑	6 ❑	7 ❑	8 ❑	9 ❑	10 ❑	Adequado
Motivação * nível de motivação gerado pelo contato com o material para você continuar assistindo à aula											
Inadequado	1 ❑	2 ❑	3 ❑	4 ❑	5 ❑	6 ❑	7 ❑	8 ❑	9 ❑	10 ❑	Adequado
Relevância * importância dos conceitos apresentados											
Inadequado	1 ❑	2 ❑	3 ❑	4 ❑	5 ❑	6 ❑	7 ❑	8 ❑	9 ❑	10 ❑	Adequado
Aplicação * os conceitos apresentados na aula podem ser aplicados ao seu dia a dia pessoal, de estudo e profissional?											
Inadequado	1 ❑	2 ❑	3 ❑	4 ❑	5 ❑	6 ❑	7 ❑	8 ❑	9 ❑	10 ❑	Adequado

Conteúdo – comentário geral * Faça um comentário geral sobre o conteúdo da aula, levando em consideração os itens avaliados e outros pontos que você considere importante.

Por favor, procure ser sucinto.

Design da aula

Design * o design geral da aula

	1	2	3	4	5	6	7	8	9	10	
Inadequado	❑	❑	❑	❑	❑	❑	❑	❑	❑	❑	Adequado

Navegação * a navegação pela aula é simples, fácil etc.

	1	2	3	4	5	6	7	8	9	10	
Inadequado	❑	❑	❑	❑	❑	❑	❑	❑	❑	❑	Adequado

Interatividade * grau de interação com o material e o conteúdo

	1	2	3	4	5	6	7	8	9	10	
Inadequado	❑	❑	❑	❑	❑	❑	❑	❑	❑	❑	Adequado

Prazer * o prazer que você teve assistindo à aula

	1	2	3	4	5	6	7	8	9	10	
Inadequado	❑	❑	❑	❑	❑	❑	❑	❑	❑	❑	Adequado

Design – comentário geral * Faça um comentário geral sobre o design da aula, levando em consideração os itens avaliados e outros pontos que você considere importante.

Por favor, procure ser sucinto.

Estas questões não utilizam a sequência 0-10 (inadequado-adequado) das anteriores.

Esta aula se parece mais*

❑ com uma aula tradicional

❑ com uma viagem

Ao final da aula, você se sentiu *
❑ insatisfeito ❑ indiferente ❑ satisfeito
A aula foi *
❑ pouco interessante ❑ mais ou menos interessante ❑ muito interessante
Quais recursos você considera necessários para enriquecer a aula: * aqui você pode escolher mais de uma opção
❑ imagens ❑ áudio ❑ vídeos ❑ games
Comentários Finais * Faça um comentário final sobre a aula que você avaliou, completando a sua avaliação. Por favor, procure ser sucinto.

A compilação e análise dos resultados foi um processo muito rico, que serviu tanto para mostrar que algumas aulas apresentavam mais problemas do que outras, quanto para mostrar que alguns pontos precisavam ser aperfeiçoados em todas as aulas. Esses dados, junto com uma nova revisão feita pela especialista e por mim, serviram para orientar um longo processo de revisão, cujas orientações foram passadas para a equipe de desenvolvimento, inclusive com a inclusão de novos materiais.

O material revisado em Flash já me foi devolvido para validação, e a disciplina deve começar a ser oferecida no segundo semestre de 2011. Pretendo então realizar uma avaliação somativa, agora com os alunos reais. Todo esse processo foi um aprendizado muito rico de como podemos aproveitar as sugestões deste capítulo em nossa prática como professores.

Considerações finais sobre avaliação

A partir da experiência de desenvolvimento dessa disciplina on-line na Universidade Anhembi Morumbi, pretendo sempre utilizar as fases de *revisão de especialista, avaliação um a um, avaliação em pequenos grupos* e *testes de campo* quando estiver envolvido na produção de material ou no desenvolvimento de programas e projetos para EaD. Imagino que você também tenha, durante a leitura deste capítulo, selecionado os instrumentos e as estratégias que mais lhe interessaram para alimentar sua prática docente.

A atenção que devemos ter na elaboração de uma rubrica para avaliação (como a que utilizei na Anhembi Morumbi) foi também um aprendizado que devo carregar comigo no restante da minha carreira. A experiência de elaborar as rubricas traduziu-se em ricos momentos de aprendizado, mesmo porque muitas perguntas que propus, quando começaram a ser respondidas, mostraram-se rapidamente desenhadas de maneira inadequada. Há um grande desafio envolvido no desenho adequado de rubricas. Aprendi também (pela prática, não apenas lendo) que uma rubrica bem elaborada e disponível on-line para respostas é um instrumento poderoso, e, para esse objetivo, o Google Docs é um recurso fabuloso. A validade e a confiabilidade de rubricas, discutidas por exemplo por Moskal e Leydens (2002), são temas fascinantes para orientar a prática do professor em EaD.

Boulmetis e Dutwin (2005) propõem que a avaliação (do curso) seja embutida nele desde o início, ou seja, devemos começar a desenhar a avaliação quando começamos a desenhar um curso, não apenas quando ele já está desenhado ou mesmo sendo utilizado pelos alunos. Como muitas vezes não avaliamos um curso nem mesmo quando ele está pronto, este é um ensinamento que todo professor deve ter em mente quando começar a planejar um curso de EaD. Ele de alguma maneira inverte a forma como concebemos a administração de projetos.

Há vários pontos importantes de avaliação que não abordamos aqui, como a problemática da verificação da identidade do aluno, a avaliação do aluno vicário e critérios de qualidade para a avaliação do trabalho do professor em EaD, tanto presencial quanto on-line. Esses e outros pontos farão parte de um próximo livro desta série, que abordará especificamente a avaliação em EaD. Santos (2006, p. 330) provoca que "a avaliação formativa e interativa ainda é uma utopia". Esperamos ter sugerido aqui que não estamos mais vivendo uma utopia, e, neste próximo livro da série, procuraremos provar essa tese. Será um prazer reencontrá-lo por lá!

7

Formação Continuada de Professores

Vários momentos deste livro apontaram para este último capítulo. Concebemos neste livro um professor de EaD que não é um mero distribuidor de avisos motivacionais ou respostas pré-formatadas para FAQs – essa função nossos AVAs já estão suficientemente avançados para desempenhar. Não precisamos de pessoas para enviar mensagens aos alunos como estas:

"O conteúdo da aula X já está disponível, tenha um bom dia!"

"Você ainda não acessou o material Y? Fique atenta aos prazos, boa tarde."

"O prazo de entrega para a atividade Z vence amanhã, não se atrase, adeus."

Um tutor é um professor que precisa dominar as ferramentas e plataformas que utiliza, conhecer diversas teorias de aprendizagem e comunicação, ser letrado em linguagens on-line e transitar por diferentes paradigmas educacionais. O professor de EaD não pode ser concebido como um tutor do século passado, tampouco remunerado indecentemente, como ocorre em muitos projetos de EaD no nosso país. Ao contrário, ele precisa (na verdade, tal como todo professor) de um processo de formação contínua e de uma remuneração equivalente à de professores presenciais.

Nesse sentido, é essencial que as instituições de ensino desenvolvam programas sérios de formação continuada de docentes em EaD, e não meros treinamentos de alguns dias ou horas. Vários professores vêm reverberando essa mensagem e desenvolvendo trabalhos teóricos e práticos de referência em nosso país, dentre os quais podem ser mencionados Marco Silva, Edmea Santos, Adriana Rocha Bruno, Lucila Pesce, Regis e Leonel Tractenberg, citados em diversos momentos neste livro. Convido-o a participar também desta corrente, para contribuir para uma EaD menos fordista.

Este capítulo não apresentará reflexões teóricas como os demais. Remeto-o aos textos dos autores citados no parágrafo anterior e muitos outros que têm se aventurado a explorar seriamente o campo da formação para a docência on-line. Compartilharei, a seguir, uma experiência de formação de professores que tive a oportunidade de conduzir, a qual materializa várias das visões expostas neste livro e cujos resultados servem para comprovar seu poder e sua eficácia.

Ministrei o Módulo I – Tecnologias Aplicadas à Educação, no curso de Pós-Graduação *Educação: Concepção e Conhecimento*, entre outubro e dezembro de 2008. O curso, que procurava promover a formação continuada dos professores que atuam no Colégio Progresso, em Campinas, foi oferecido gratuitamente pela Faculdade de Odontologia São Leopoldo Mandic, mantida pelo mesmo grupo que administra o colégio.

O módulo procurou, dentre outros objetivos, introduzir os professores (ao redor de cem, incluindo assistentes, coordenadores e convidados) em vários recursos da informática, para que pudessem utilizá-los com seus alunos e mesmo em suas atividades profissionais, de pesquisa e pessoais. Houve seis encontros presenciais (sextas à noite e sábados o dia todo, em três semanas distintas), seguidos de uma série de atividades a distância.

No primeiro encontro (sexta-feira, 24/10), foi apresentado o curso, discutiram-se rapidamente as características dos nativos digitais e realizada uma introdução à EaD e ao uso de tecnologias em educação.

No dia seguinte (25/10), foram apresentadas inicialmente algumas ferramentas essenciais e então, no laboratório do colégio, os professores praticaram o uso do Microsoft Word para a elaboração de trabalhos científicos, seguindo a Associação Brasileira de Normas Técnicas (ABNT). Foram também apresentadas e demonstradas algumas ferramentas de autoria e de tutoria, e o dia terminou com uma discussão sobre ambientes virtuais de aprendizagem (AVAs). Para o curso, já estava aberta uma turma no Modular Object-Oriented Dynamic Learning Environment (Moodle). No final do dia, Kariene Santos, do Senai-BA, apresentou o brilhante Projeto CAI, desenvolvido semipresencialmente há alguns anos para capacitar jovens carentes a realizar manutenção em computadores.

Nas semanas seguintes, o Moodle foi explorado com exercícios, chat, fóruns (discutindo a palestra de Kariene Santos) e um wiki (em que se procurou construir, em conjunto, o perfil do aluno do colégio em relação ao uso de tecnologias). Além disso, foram disponibilizados vários links para os alunos-professores explorarem.

Em 07/11, em novo encontro presencial, foi possível discutir as atividades desenvolvidas a distância no Moodle. Falou-se também rapidamente de objetos de aprendizagem e bibliotecas virtuais, e então foi explorado o conceito de Web 2.0.

Na manhã do dia seguinte (08/11), a professora Laura Coutinho compartilhou com o grupo suas experiências com o uso de tecnologias em educação. Após o almoço, foram apresentadas diversas ferramentas da Web 2.0, como Google Docs, blogs, wikis, redes sociais, RSSs e vídeos. Foram avaliadas também algumas experiências realizadas com tecnologia em alguns colégios no Brasil.

Nas semanas seguintes, foram novamente realizadas várias atividades on-line, não mais no Moodle, e sim utilizando as ferramentas da Web 2.0 estudadas.

A palestra de Laura Coutinho foi discutida em um blog. O grupo não estava mais fechado no Moodle, mas exposto ao mundo e interagindo inclusive com a palestrante, e o resultado foi bastante diferente da discussão da palestra do Senai, tanto pela menor participação (a atividade, de qualquer maneira, não era obrigatória) quanto pelo tom um pouco mais emotivo, menos técnico e menos polêmico da discussão (motivado pela identificação dos professores com a palestrante).

Durante todas as atividades realizadas no Moodle, especialmente nos fóruns, pôde-se observar o que Bruno e Rangel (2009) denominam "mediação partilhada", em que um aluno assume o processo de mediação numa situação determinada. Em atividades on-line, os alunos podem assumir lideranças temporárias ou regências emergentes, compartilhando o processo de mediação com o professor, na mediação da mediação. O último encontro do grupo tinha envolvido a apresentação de inúmeras ferramentas, gerando uma natural sensação de desequilíbrio e desorientação. Isso ficou claro em alguns comentários sobre a palestra de Laura Coutinho, que encontraram na emoção e no humanismo um porto seguro contra as ameaças da tecnologia.

Na sequência dos comentários, que em certo sentido se encaminhavam para uma crítica da tecnologia e defesa da educação, um dos alunos-professores acabou assumindo a função de mediação compartilhada, chamando a atenção do grupo para o processo todo e aproximando novamente tecnologia e educação, redirecionando assim o discurso do grupo.

Foi também desenvolvido pelo grupo um wiki, fora do Moodle, com materiais para as diversas disciplinas ministradas no colégio. Além disso, todos os professores tiveram que realizar uma atividade individual no YouTube, que envolvia a criação de um canal, pesquisa e seleção de vídeos favoritos (relacionados à sua disciplina), pesquisa e criação de uma Lista de Reprodução, culminando com o desenvolvimento de um vídeo e envio para o seu canal.

Muitos alunos-professores mostraram-se inicialmente bastante inseguros, achando que não conseguiriam realizar a atividade, mas os vídeos foram produzidos no espírito do aututor: uma câmera na mão e uma aula na cabeça! A sensação compartilhada por muitos foi de terem superado um desafio, como se tivessem passado por uma experiência de fluxo, como descrita por Csikszentmihalyi (2008). No estado de fluxo, nossas habilidades encontram-se em um nível equivalente ao das oportunidades para a ação, a pessoa é desafiada a dar o melhor de si e precisa constantemente aperfeiçoar suas habilidades. Quando a atividade termina, ela se sente enriquecida por novas habilidades e realizações.

O grupo voltou a se encontrar em 12/12 e avaliou tudo o que tinha realizado a distância nessas várias semanas. Falou-se também um pouco sobre direitos autorais, avaliação da aprendizagem on-line e o conceito de aututor.

No último encontro (13/12), o grupo recebeu pela manhã a visita do professor Bruno Corrêa, que deu um workshop sobre edição de imagens e áudio, entre outros recursos, no espírito de treinar e apoiar os professores para desenvolverem seus próprios materiais.

O grupo teve ainda a oportunidade de interagir pelo MSN com Cleber, pai de David e Jonatas (que também conversaram com os professores), direto de Timóteo (MG). Os dois são educados em casa pela família, e os pais estão sendo processados por abandono intelectual. O grupo já tinha tido uma longa discussão sobre o tema no fórum do Moodle, que durou semanas e foi depois repassada por e-mail para Cleber. A conversa por MSN funcionou como uma conclusão síncrona de um fórum de discussões assíncrono, além de servir como demonstração do potencial do uso de ferramentas síncronas on-line em sala de aula.

O curso terminou com uma rápida apresentação sobre o uso de games em educação, mundos virtuais (com passeios educacionais pelo Second Life) e mobile learning. Para encerrar, o grupo assistiu a uma palestra da empresa People Educação, que coordena a informática do Colégio Progresso, com a apresentação de belíssimos trabalhos desenvolvidos pelos alunos.

Na atividade final do módulo, foram desenvolvidos trabalhos em grupo. O tema deveria envolver a aplicação, no ensino dos alunos do Colégio Progresso, de uma ou mais ferramentas estudadas. Foram produzidos sites, canais e sequências de vídeos no YouTube, blogs, uma comunidade no Orkut, um WebQuest e um trabalho teórico. Essas atividades não apodrecerão em um arquivo morto, pois foram apresentadas para o mundo e adicionadas à conversação da Web, e podem, agora, ser utilizadas por outros professores e alunos.

Alguns comentários, ao final do módulo I, registram a reflexão sobre o aprendizado e a apropriação educacional das tecnologias pelos professores.

A disciplina foi planejada para semear, abrindo horizontes e energizando os professores para que eles se apropriassem de tecnologias e pudessem produzir seus próprios conteúdos, tornando-se aututores. Um dos resultados do processo pôde ser observado meses depois, quando as ameaças da gripe A(H1N1) retardaram em duas semanas o início das aulas no segundo semestre de 2009. Os professores rapidamente se organizaram, produziram vídeos e materiais impressos que foram enviados pelo correio para os alunos, além de utilizarem intensamente um AVA, dando o pontapé inicial para o Programa de EaD "Projeto em Casa", que alcançou repercussão nacional.

Muitos professores do Colégio Progresso, com pouca experiência em informática e EaD, ao final do curso tinham participado de discussões em fóruns no Moodle, construído wikis, lido e colaborado em blogs e produzido vídeos enviados ao YouTube, além da utilização de outras tecnologias educacionais. Sentiram-se tão autoconfiantes depois da disciplina que, durante um intervalo de duas semanas sem aulas, produziram vídeos e envolveram seus alunos em atividades em um ambiente virtual de aprendizagem, utilizando tecnologias para evitar a descontinuidade da educação.

Os resultados da experiência mostram que professores imigrantes digitais, inicialmente bastante inseguros em relação ao uso da tecnologia, apropriaram-se pedagogicamente de diversas ferramentas. As atividades desenvolvidas on-line contribuíram sensivelmente para elevar o nível de confiança dos professores na utilização da tecnologia em educação, culminando com o programa "Progresso em Casa".

O processo de formação de professores no Colégio Progresso, especificamente na disciplina de pós-graduação Tecnologias Aplicadas à Educação, foi concebido no espírito do aututor, de preparar os professores para se tornarem capazes de produzir e administrar seus próprios materiais. Seus resultados servem para reforçar que a formação de professores na modalidade on-line deve procurar energizar aututores autônomos para o uso de tecnologias educacionais.

Conclusão

O exemplo do Colégio Progresso mostra o que pode acontecer quando damos poder aos professores. Reconhecer o tutor como professor significa garantir para ele as conquistas da categoria, das quais ele não comunga na EaD em nosso país. Regulamentar a profissão é um tiro no pé: já temos uma profissão regulamentada no Brasil. É como professor que o tutor deve ser tratado, tanto do ponto de vista pedagógico quanto trabalhista.

Além disso, é preciso, dentre vários outros pontos, discutir seriamente a quantidade de alunos com que um professor pode trabalhar adequadamente e com qualidade em EaD. Como afirmam Bruno e Lemgruber (2009, p. 8):

> Outro aspecto implicado à docência on-line é o estabelecimento de parâmetros quanto ao número de alunos atendidos. O Decreto 5.622/2005 aborda diversos aspectos que os projetos pedagógicos para os cursos e programas devem contemplar, mas não menciona a relação tutoria – número de alunos. Muitas instituições abusam dessa relação, expondo seus profissionais a uma superexploração. Isso vem se dando igualmente nas disciplinas semipresenciais permitidas pela Portaria dos 20%.

Nosso país não conseguirá formar professores sem professores. A estrutura do projeto pedagógico da Universidade Aberta do Brasil (UAB) precisa ser revista, reconhecendo que as funções docentes devem ser realizadas por professores. Há décadas, temos procurado formar professores na velocidade da luz, cujos reflexos podem ser sentidos nos números da nossa educação. Docência e interação: esse é o caminho que precisamos seguir.

Glossário

Ambientes Pessoais de Aprendizagem – PLE – Personal Learning Environment. Ambientes que os próprios alunos organizam, em função das ferramentas preferidas, de seus interesses e estilos de aprendizagem.

Assíncrona. Comunicação que não ocorre no mesmo instante, como no caso de troca de e-mails, fóruns etc.

AVA – Ambiente Virtual de Aprendizagem. São os sistemas utilizados em EaD para a disponibilização de conteúdo, realização de atividades, avaliações e interação entre alunos e professores. Em inglês, a sigla mais comum é LMS – Learning Management System.

Blackboard. LMS bastante utilizado nos Estados Unidos, mas pouco utilizado no Brasil.

Chat. Comunicação síncrona, normalmente por texto, que pode envolver duas ou mais pessoas.

Design educacional. Envolve o planejamento, a elaboração e o desenvolvimento de projetos pedagógicos, cursos, materiais educacionais, ambientes colaborativos, atividades interativas e modelos de avaliação para o processo de ensino e aprendizagem.

Design instrucional. Envolve o planejamento e a produção de materiais instrucionais, não necessariamente apenas para EaD. Neste livro, preferimos a expressão design educacional.

Desire2Learn. Exemplo de LMS.

EaD – Educação a Distância. Alguns utilizam a sigla para Ensino a Distância, expressão menos adequada, já que educação envolve tanto ensino (do lado do professor) quanto aprendizagem (do lado do aluno).

eCollege. LMS comercializado pela Pearson Education, inclusive no Brasil.

Educação Aberta e a Distância. Expressão que vem sendo utilizada, recentemente, com frequência, como alternativa à EaD, para ressaltar o caráter democrático da EaD e o crescimento dos conteúdos educacionais abertos.

Educação on-line. Também utilizada como expressão alternativa à EaD, ressaltando a importância da Internet na EaD que se faz hoje.

Edu-junk. Lixo educacional que envolve o uso exagerado de clip art, bordas, sombreamento, textos em letras maiúsculas, textos centralizados e Word Art.

E-learning. É muitas vezes utilizada como sinônimo de EaD, em geral para a EaD corporativa. A palavra aponta para a EaD eletrônica ou on-line.

Escala de Likert. Comumente utilizada em pesquisas de opinião, em geral a escolha da resposta entre: Não concordo totalmente; Não concordo parcialmente; Indiferente, Concordo parcialmente; Concordo totalmente.

Feed. É um resumo regularmente atualizado de conteúdo da Web, com links para as versões completas desse conteúdo. Quando você subscreve a um feed de determinado site utilizando um leitor de feeds, você recebe um sumário de novo conteúdo daquele site.

Hashtag. Expressão utilizada especialmente no Twitter para classificar um tweet ou seu conteúdo, permitindo a busca pela tag.

Hipertextualidade. Característica dos hipertextos, que possuem links, convidando a uma leitura não linear.

Home schooling. Educação em casa. Método bastante comum em países de língua inglesa, em que algumas comunidades ou as próprias famílias assumem a responsabilidade pela educação de seus filhos. Para isso, várias instituições desenvolveram tanto materiais de estudo, como atividades e espaços para suporte. No Brasil, a modalidade é proibida.

Interação. Conceito essencial em EaD, que, em geral, se refere às trocas de informações e experiências entre pessoas.

Interatividade. Normalmente se refere à interação homem--máquina, ou seja, entre usuários e tecnologias.

Linden Lab. Empresa criadora e proprietária do mundo virtual 3D Second Life.

LMS – Learning Management Systems. Ao pé da letra, a tradução seria Sistemas de Gerenciamento de Aprendizagem, mas, em português, a denominação mais comum é AVAs – Ambientes Virtuais de Aprendizagem. São os sistemas utilizados em EaD para a disponibilização de conteúdo, realização de atividades, avaliações e interação entre alunos e professores. Exemplos: Blackboard, eCollege, TelEduc, Moodle e Sakai.

Mobile learning. Aprendizado através de dispositivos móveis, como celulares, tablets etc.

Moodle. LMS livre e de código aberto, bastante utilizado hoje, inclusive no Brasil.

Mundos virtuais. Incluem mundos virtuais em 2 e 3 dimensões (2D e 3D), como, por exemplo, Club Penguin e Second Life.

Objetos de aprendizagem. Textos, vídeos, objetos multimídia etc., que podem ser utilizados em diversos projetos de EaD.

Open Simulator. Servidor gratuito e de código aberto de mundos virtuais, utilizado para desenvolver ambientes em 3D.

Plataformas. Ambientes utilizados para atividades e cursos em educação a distância.

Realidade aumentada e cruzada. Ferramentas e ambientes que permitem a integração entre dados do mundo real e virtual.

RSS. Formato de feed.

Sakai. LMS livre e de código aberto.

Scripts. Códigos de programação utilizados no Second Life para gerar interações, reações de objetos, animações etc.

Second Life. Mundo virtual em três dimensões que tem sido utilizado em várias experiências em educação.

Síncrona. Atividades que pressupõem que duas ou mais pessoas estejam conectadas ao mesmo tempo, para interagir.

Slideshare. Software que permite a disponibilização de apresentação on-line, além de outros recursos de redes sociais.

Tecnologia Educacional. Campo de pesquisa e prática do uso de ferramentas tecnológicas em educação. Envolve a exploração do potencial pedagógico dessas ferramentas e sua integração à educação.

TelEduc. LMS de código aberto, desenvolvido pelo Núcleo de Informática Aplicada à Educação (NIED) da Universidade Estadual de Campinas (Unicamp).

TICs – Tecnologias da Informação e da Comunicação. Tem um significado bastante amplo, envolvendo ferramentas e tecnologias utilizadas para comunicação e transmissão e gerenciamento de informações, como a Internet.

Tutor. Nome em geral dado ao profissional que atua no apoio ao aluno em educação a distância. Este livro defende a tese de que o tutor deve ser considerado um professor, em diversor sentidos, como pedagógicos e trabalhista.

UAB – Universidade Aberta do Brasil. Consórcio de instituições que oferecem cursos de EaD em diversos polos pelo país.

Web 2.0. Nome dado a uma segunda geração da Web, que inclui ferramentas mais interativas, como blogs, wikis, podcasts etc.

WebCT. LMS, comprado há alguns anos pela Blackboard.

Bibliografia

Esta lista inclui não apenas as fontes citadas durante o livro, mas também fontes não citadas que foram importantes para a redação do texto e podem servir de sugestão adicional para consulta.

AKILLI, Göknur K. In: GIBSON, David; ALDRICH, Clark; PRENSKY, Marc. *Games and simulations in on-line learning*: research and development frameworks. Hershey, PA: Information Science Publishing, 2007.

ALVES, Lynn; BARROS, Daniela; OKADA, Alexandra (Org.). *Moodle*: estratégias pedagógicas e estudo de caso. Salvador: EdUNEB, 2009. Disponível em: <http://www.moodle.ufba.br/file.php/1/Moodle_1911_web.pdf>. Acesso em: 20 jul. 2011.

ANDERSON, Terry. Getting the mix right again: an updated and theoretical rationale for interaction. *The International Review of Research in Open and Distance Learning*, v. 4, n. 2, 2003a. Disponível em: <http://www.irrodl.org/index.php/irrodl/article/view/149/230>. Acesso em: 20 jul. 2011.

______. Modes of interaction in distance education: recent developments and research questions. In: MOORE, Michael G.; ANDERSON, William G. (Eds.). *Handbook of distance education*. Mahwah, NJ: Lawrence Erlbaum, 2003b.

ANDERSON, Terry; DRON, Jon. Three generations of distance education pedagogy. *IRRODL International Review of Research in Open and Distance Learning*, Special Edition: connectivism: Design and delivery of social networked learning, v. 12, n. 3, p. 80-97, mar. 2011. Disponível em: <http://www.irrodl.org/index.php/irrodl/article/view/890>. Acesso em: 20 jul. 2011.

ANDERSON, Terry; ELLOUMI, Fathi (Eds.). *Theory and practice of online learning*. Athabasca, AB: Athabasca University, 2004. Disponível em: <http://cde.athabascau.ca/online_book/pdf/TPOL_book.pdf>. Acesso em: 6 jul. 2011. (A segunda edição já foi publicada, mas não está disponível on-line).

ASSOCIAÇÃO BRASILEIRA DE EDUCAÇÃO A DISTÂNCIA (Org.). *Campus computing Report.Br*: a computação e tecnologia da informação nas instituições de ensino superior no Brasil. São Paulo: Pearson Prentice Hall, 2010a.

______. *Censo EaD.br*. São Paulo: Pearson Education do Brasil, 2010b.

AZEVEDO, Fernando de et al. *Manifestos dos pioneiros da Educação Nova (1932) e dos educadores (1959)*. Recife: Fundação Joaquim Nabuco, Editora Massangana, 2010.

BARBOSA, Jorge; SACCOL, Amarolinda Z.; SCHLEMMER, Eliane. *M-learning e u-learning*: novas perspectivas da aprendiazagem móvel e ubíqua. São Paulo: Pearson Prentice Hall, 2011.

BATSON, Trent; WATSON, C. Edward. The student portfolio is the new book: new practices, profession, and scholarship. *Campus Technology*, 12 fev. 2011. Disponível em: <http://campustechnology.com/articles/2011/02/02/the-student-portfolio-is-the-new-book.aspx>. Acesso em: 6 jul. 2011.

BEHAR, Patrícia A. (Org.). *Modelos pedagógicos em educação a distância*. Porto Alegre: Artmed, 2009.

BELL, Frances. Connectivism: its place in theory-informed research and innovation in technology-enabled learning. *IRRODL International Review of Research in Open and Distance Learning*, Edição especial – Conectivismo: design e aprendizagem em rede sociais, v. 12, n. 3, p. 98-118, 2011. Disponível em: <http://www.irrodl.org/index.php/irrodl/article/view/902>. Acesso em: 6 jul. 2011.

BELL, Philip; WINN, William. Distributed cognitions, by nature and by design. In: JONASSEN, David H.; LAND, Susan M. (Eds.). *Theoretical foundations of learning environments*. Mahwah, NJ: Lawrence Erlbaum, 2000.

BERGE, Zane. Interaction in post-secondary web-based learning. *Educational Technology*, v. 39, n. 1, p. 5-11, jan.-fev. 1999.

BEZERRA, Thélia T. *Blogs educacionais e o desafio do ensinar e aprender na Internet*: possibilidades de (re)construção do fazer pedagógico. Brasília, 2008. Dissertação (Mestrado). Programa de Pós-Graduação em Educação da Universidade de Brasília. Disponível em: <http://bdtd.bce.unb.br/tedesimplificado/tde_busca/arquivo.php?codArquivo=3421>. Acesso em: 6 jul. 2011.

BLOG DO PLANALTO. *Mercado de trabalho, melhoria do ensino básico e saúde pública*. 1° mar. 2011. Disponível em: <http://blog.planalto.gov.br/mercado-de-trabalho-melhoria-do-ensino-basico-e-saude-publica/>. Acesso em: 6 jul. 2011.

BONK, Curtis J.; DENNEN, Vanessa. Frameworks for research, design, benchmarks, training, and pedagogy in web-based distance education. In: MOORE, Michael G.; ANDERSON, William G. (Eds.). *Handbook of distance education*. Mahwah, NJ: Lawrence Erlbaum, 2003.

BOULMETIS, John; DUTWIN, Phyllis. *The ABCs of evaluation*: timeless techniques for program and project managers. 2nd ed. São Francisco: Jossey-Bass, 2005.

BRASIL. Ministério da Educação. *Fundo Nacional de Desenvolvimento da Educação*. Conselho Deliberativo. Resolução CD/FNDE n° 26, de 5 de junho de 2009. 2009a. Estabelece orientações e diretrizes para o pagamento de bolsas de estudo e de pesquisa a participantes da preparação e execução dos cursos dos programas de formação superior, inicial e continuada no âmbito do Sistema Universidade Aberta do Brasil (UAB), vinculado à Coordenação de Aperfeiçoamento de Pessoal de Nível Superior (Capes), a serem pagas pelo FNDE a partir do exercício de 2009. Disponível em: <http://www.uab.capes.gov.br/images/stories/downloads/legislacao/resolucao_fnde_n26.pdf>. Acesso em: 6 jul. 2011.

______. ______. Anexos I, II e III – Manual de atribuições dos bolsistas; Termo de compromisso do bolsista; Formulário de cadastramento de bolsista da UAB. 2009b. Disponível em: <http://ead.ufsc.br/blog/2009/06/05/resolucao-fnde-n%C2%BA26-de-5-de-junho-de-2009/>. Acesso em: 6 jul. 2011.

BROWN, Abbie; GREEN, Timothy D. *The essentials of instructional design*: connecting fundamental principles with process and practice. Upper Saddle River, NJ: Pearson Prentice Hall, 2006.

BROWN, John S.; COLLINS, Allan; DUGUID, Paul. Situated cognition and the culture of learning. *Educational Researcher*, v. 18, n. 1, jan.-fev. 1989.

BRUNO, Adriana R. Mediação partilhada e interação digital: tecendo a transformação do ser humano educador em ambientes de aprendizagem on-line, pela linguagem emocional. In: ALVES, Lynn; BARROS, Daniela; OKADA, Alexandra. *Moodle: estratégias pedagógicas e estudo de caso*. Salvador: EDUNEB, 2009. Disponível em: <http://www.moodle.ufba.br/mod/resource/view.php?inpopup=true&id=88134>. Acesso em: 6 jul. 2011.

BRUNO, Adriana R.; LEMGRUBER, Márcio S. Dialética professor-tutor na educação on-line: o curso de Pedagogia-UAB-UFJF em perspectiva. In: III Encontro Nacional sobre Hipertexto, Belo Horizonte, 29-31 out. 2009. Disponível em: <http://www.ufpe.br/nehte/hipertexto2009/anais/a/a-dialetica-professor-tutor.pdf>. Acesso em: 6 jul. 2011.

BRUNO, Adriana; RANGEL, Flamínio. Mediação on-line: partilha como ação pedagógica sob o olhar do professor em formação. In: HESSEL, Ana; PESCE, Lucila; ALLEGRETTI, Sonia (Org.). *Formação on-line de educadores*: identidade em construção. São Paulo: RG Editores, 2009.

BURNHAM, Byron R.; WALDEN, Beth. Interactions in Distance Education: a report from the other side. In: Adult Education Research Conference. Stillwater, Oklahoma, 1997. Disponível em:<http://www.edst.educ.ubc.ca/aerc/1997/97burnham.html>. Acesso em: 6 jul. 2011.

CARTER, Dennis. Has Google developed the next wave of online education? *eSchool News*, 19 jan. 2010. Disponível em: <http://www.eschoolnews.com/2010/01/19/has-google-developed-the-next-wave-of online-education/?>. Acesso em: 30 jun. 2011.

CLANCEY, William J. Situated cognition: how representations are created and given meaning. In: LEWIS, R.; MENDELSOHN, P. (Eds.). *Lessons from learning*. Amsterdam: North-Holland, 1994.

CLARK, Ruth C.; LYONS, Chopeta. *Graphics for learning*: proven guidelines for planning, designing, and evaluating visuals in training materials. São Francisco: Pfeiffer, 2004.

COGNITION AND TECHNOLOGY GROUP AT VANDERBILT. Anchored instruction and its relationship to situated cognition. *Educational Researcher*, v. 19, n. 6, p. 2-10, ago. 1990.

______. Anchored instruction and situated cognition revisited. *Educational Technology*, v. 33, n. 3, p. 52-70, 1993.

______. *The Jasper Project:* lessons in curriculum, instruction, assessment, and professional development. Mahwah, NJ: Lawrence Erlbaum Associates, 1997.

COMISIÓN ECONÓMICA PARA AMÉRICA LATINA Y EL CARIBE. Anuario Estadístico de América Latina y el Caribe, 2010. Disponível em: <http://websie.eclac.cl/anuario_estadistico/anuario_2010/esp/index.asp>. Acesso em: 6 jul. 2011.

CONDERMAN, Greg; KOROGHLANIAN, Carol. Writing Test Questions Like a Pro. *Intervention in School and Clinic*, v. 38, n. 2, 83-87, 2002.

CORRÊA, Bruno da C. *A construção do conhecimento nos metaversos*: educação no Second Life. Mogi das Cruzes, 2009. Dissertação (Mestrado) – Semiótica, Tecnologias da Informação e Educação, Universidade Braz Cubas.

CORREIA, Ângela A.; ANTONY, Geórgia. Educação hipertextual: diversidade e interação como materiais didáticos. In: FIORENTINI, Leda M. R.; MORAES, Raquel de A. (Org.). *Linguagens e interatividade na educação a distancia*. Rio de Janeiro: DP&A, 2003.

CRUZ, Dulce M. A potencialidade educacional e dialógica da videoconferência na EAD. In: SILVA, Marco; PESCE, Lucila; ZUIN, Antonio (Org.). *Educação on-line*: cenário, formação e questões didático-metodológicas. Rio de Janeiro: Wad Ed., 2010.

CSIKSZENTMIHALYI, Mihaly. *Flow*: the psychology of optimal experience. Nova York: Harper Perennial, 2008.

DANIEL, John; MACKINTOSH, Wayne. Leading ODL futures in the eternal triangle: the mega-university response to the greatest moral challenge of our age. In: MOORE, Michael G.; ANDERSON, William G. (Eds.). *Handbook of distance education*. Mahwah, NJ: Lawrence Erlbaum, 2003.

DEDE, Chris. A seismic shift in epistemology. *EDUCAUSE Review*, v. 43, n. 3, p. 80-81, maio-jun. 2008.

DICK, Walter; CAREY, Lou M. Formative evaluation. In: BRIGGS, Leslie J.; GUSTAFSON, Kent L.; TILLMAN, Murray H. (Eds.). *Instructional design*: principles and applications. 2nd ed Englewood Cliffs, NJ: Educational Technology Publications, 1991.

DICK, Walter; CAREY, Lou; CAREY, James O. *The systematic design of instruction*. 7th ed. Upper Saddle River, NJ: Pearson Prentice Hall, 2009.

DIRR, Peter. Distance Education policy issues: towards 2010. In: MOORE, Michael G.; ANDERSON, William G. (Eds.). *Handbook of distance education*. Mahwah, NJ: Lawrence Erlbaum, 2003.

FERNANDES, Dilson A. A. *Os ambientes virtuais tridimensionais e a educação para a biologia*: possibilidades e interações acerca do ensino de ciências e biologia no metaverso do Second Life. Belo Horizonte, 2010. Dissertação (Mestrado) – Ensino de Ciências e Matemática, Pontifícia Universidade Católica de Minas Gerais.

FILATRO, Andrea. *Design instrucional contextualizado*: educação e tecnologia. São Paulo: Senac, 2004.

______. *Design instrucional na prática*. São Paulo: Pearson Education do Brasil, 2008.

FIORENTINI, Leda M. R.; MORAES, Raquel de A. (Org.). *Linguagens e interatividade na educação a distância*. Rio de Janeiro: DP&A, 2003.

FREIRE, Paulo. *A pedagogia do oprimido*. 11. ed. Rio de Janeiro: Paz e Terra, 1982.

GECELKA, Rodrigo da Silva. *Vivências, benefícios e limitações*: registro sobre o uso do Second Life em uma experiência educacional. Brasília, 2009. (Trabalho de Conclusão de Curso) – Pós-Graduação Lato Sensu em Educação a Distância, Universidade Católica de Brasília.

GIBSON, Chere C. The distance learner in context. In: GIBSON, Chere C. (Eds.). *Distance learners in higher education:* institutional responses for quality outcomes. Madison, WI.: Atwood Publishing, 1998.

GILBERT, Larry; MOORE, David R. Building interactivity into web courses: tools for social and instructional interaction. *Educational Technology,* v. 38, n. 3, p. 29-35, 1998.

GODOY, Pedro. Educação a Distância ou Ensino a Distância. *Educação a Distância – EAD* (comunidade no Orkut). 5 jan. 2007. Disponível em: <http://www.orkut.com/CommMsgs.aspx?cmm=47403&tid=2502906796780924421&kw=%22educa%C3%A7%C3%A3o+banc%C3%A1ria+a+dist%C3%A2ncia%22&na=3&nst=11&nid=47403-2502906796780924421-2507755284461482632>. Acesso em: 20 jul. 2011.

GOMES, Elizabete T. *Ciência, tecnologia e educação em rede*: as significações da ciência nos ambientes virtuais de aprendizagem – AVAs. Palhoça,

2008. Dissertação (Mestrado) – Ciências da Linguagem, Universidade do Sul de Santa Catarina.

GOMES, Maria J. Blogs: um recurso e uma estratégia pedagógica. In: VII Simpósio Internacional de Informática Educativa – SIIE05, Leiria, Portugal, 16-18 nov. 2005.

GONZALEZ, Mathias. Fundamentos da tutoria em Educação a Distância. São Paulo: Avercamp, 2005. Disponível em: <http://www.avercamp.com.br/livros/fundamead.htm>. Acesso em: 6 jul. 2011.

GORDON, Jack; ZEMKE, Ron. The attack on ISD. *Training Magazine*, v. 37, n. 4, p. 42-53, abr. 2000.

GREENO, James D. A perspective on thinking. *American Psychologist*, v. 44, n. 2, p. 134-141, fev. 1989.

GROOM, Jim. The revolution will be a bus. *Bavatuesdays – a "b" blog*, 4 fev. 2009. Disponível em: <http://bavatuesdays.com/the-revolution-will-be-a-bus/>. Acesso em: 30 jun. 2011.

HANSEN, Ronald E. The role of experience in learning: giving meaning and authenticity to the learning process in schools. *Journal of Technology Education*, v. 11, n. 2, p. 23-32, prim. 2000.

HARLEN, Wynne. The inequitable impacts of high stakes testing. *Education Review*, v. 17 n. 1, p. 43-50, out. 2003.

HEDBERG, John; SIMS, Rod. Speculations on design team interactions. *Journal of Interactive Learning Research*, v. 12, n. 2/3, p. 189-204, 2001.

HEINICH, Robert et al. *Instructional media and technologies for learning.* 7th ed. Upper Saddle River, NJ: Merrill/Prentice Hall, 2002.

HENDRON, John. *RSS for educators:* blogs, newsfeeds, podcasts, and wikis in the classroom. Washington, DC: ISTE, 2008.

HERRINGTON, Jan; REEVES, Thomas C.; OLIVER, Ron. A model of authentic activities for on-line learning. In: JUWAH, Charles (Ed.). *Interactions in on-line education*: implications for theory and practice. Nova York: Routledge, 2006.

HILLMAN, Daniel C. A.; WILLIS, Deborah J.; GUNAWARDENA, Charlotte N. Learner-interface interaction in distance education: an extension of contemporary models and strategies for practitioners. *The American Journal of Distance Education,* v. 8, n. 2, p. 30-42, 1994.

HIRUMI, Atsusi. A framework for analyzing, designing, and sequencing planned elearning interactions. *Quarterly Review of Distance Education*, v. 3, n. 2, p. 141-60, ver. 2002.

______. Analysing and designing e-learning interactions. In: JUWAH, Charles (Ed.). *Interactions in on-line education*: implications for theory and practice. Nova York: Routledge, 2006.

HOUAISS, Antonio. *Dicionário Houaiss da Língua Portuguesa*. Rio de Janeiro: Editora Objetiva, 2001.

HUNG, David; LOOI, Chee Kit; KOH, Thiam-Seng. Situated cognition and communities of practice: first-person "lived experiences" vs. third-person perspectives. *Educational Technology & Society*, v. 7, n. 4, p. 193-200, 2004.

INSTITUTO BRASILEIRO DE DESENHO INSTRUCIONAL. Regulamentação da Profissão de Designer Instrucional. 23 jan. 2009. Disponível em: <http://ibdin.com.br/index.php/destaques/regulamentacao-da-profissao-de-designer-instrucional>. Acesso em: 6 jul. 2011.

ISLAS, Octavio; URRUTIA, Amaia A. Compreender las redes sociales como ambientes mediáticos. In: PISCITELLI, Alejandro; ADAIME, Iván; BINDER, Inés (Comp.). *El Proyecto Facebook y la posuniversidad*. Sistemas operativos sociales y entornos abiertos de aprendizaje. Barcelona, ES: Fundación Telefónica, 2010. Colección Fundación Telefónica Ariel. Disponível em: <http://www.fundacion.telefonica.com/es/debateyconocimiento/eventos/eventos/2010/mayo/pdf/EVEN_DYC_ESP_El%20proyecto%20Facebook_y_la_posuniversidad_07_05_10.pdf>. Acesso em: 6 jul. 2011.

JAKOBSSON, Mikael. A virtual realist primer to virtual world design. In: EHN, Pelle; LÖWGREN, Jonas (Eds.). *Searching voices* – towards a canon for interaction design. Studies in arts and communication n. 01. Malmö: Malmö University, 2003. Disponível em: <http://www.informatik.umu.se/~mjson/files/primer.pdf>. Acesso em: 25 maio 2008.

JOHNSON, Larry et al. *The Horizon Report – 2011 Edition*. Austin, Texas: The New Media Consortium, 2011.

______. *The Horizon Report – 2010 Edition*. Austin, Texas: The New Media Consortium, 2010.

JONASSEN, David H. Evaluating constructivistic learning. In: DUFFY, Thomas M.; JONASSEN, David H. (Eds.). *Constructivism and the technology of instruction*: a conversation. Hillsdale, NJ: Lawrence Erlbaum Associates, 1992.

______. Revisiting activity theory as a framework for designing student-centered learning environments. In: JONASSEN, David H.; LAND, Susan M. (Eds.). *Theoretical foundations of learning environments*. Mahwah, NJ: Lawrence Erlbaum, 2000.

JONASSEN, David H.; LAND, Susan M. (Eds.). *Theoretical foundations of learning environments*. Mahwah, NJ: Lawrence Erlbaum, 2000.

JONES, Brett D. The Unintended Outcomes of High-Stakes Testing. *Journal of Applied School Psychology*, v. 23, n. 2, p. 65-86, jul. 2007.

JUUL, Jesper. *A clash between game and narrative*: a thesis on computer games and interactive fiction. Versão 0.92. Copenhague, abr. 2001. Disponível em: <http://www.jesperjuul.net/thesis/AClashBetweenGameAndNarrative.pdf>. Acesso em: 6 jul. 2011.

JUWAH, Charles (Ed.). *Interactions in online education*: implications for theory and practice. Nova York: Routledge, 2006.

KANUKA, Heather; ANDERSON, Terry. Using constructivism in technology-mediated learning: constructing order out of the chaos in the literature. *Radical Pedagogy*, v. 1, n. 2, 1999.

KAPP, Karl M.; O'DRISCOLL, Tony. *Learning in 3D*: adding a new dimension to enterprise learning and collaboration. São Francisco, CA: Pfeiffer, 2010.

KEARSLEY, Greg. The nature and value of interaction in distance education. In: Distance Education Symposium 3: Instruction. Pensilvânia: Pennsylvania State University, p. 83-92, maio 1995. Disponível em: <http://www.mat.unb.br/ead/interac.html>. Acesso em: 25 maio 2008.

KELTZ, Marty; MATTAR, João. Second Life nos negócios: reimaginando broadcasting. *Revista Ideias em Gestão*, Brasília, DF, Faculdade AIEC, n. 4, p. 48-51, nov. 2010. Disponível em: <http://www.aiec.br/revista/edicoes/novembro_2010/ideias.html>. Acesso em: 6 jul. 2011.

KERR, Bill. A Challenge to Connectivism. Transcript of Keynote Speech. In: Online Connectivism Conference, University of Manitboa, fev. 2007. Disponível em: <http://ltc.umanitoba.ca/wiki/index.php?title=Kerr_Presentation>. Acesso em: 6 jul. 2011.

KJELLBERG, Sara. I am a blogging researcher: motivations for blogging in a scholarly context. *First Monday,* v. 15, n. 8, ago. 2010. Disponível em: <http://firstmonday.org/htbin/cgiwrap/bin/ojs/index.php/fm/article/view/2962/2580>. Acesso em: 6 jul. 2011.

KOLB, D. A. *Experiential learning:* experience as the source of learning and development. Englewood Cliffs: Prentice Hall, 1984.

______. The process of experiential. In: THORPE, Mary; EDWARDS, Richard; HANSON, Ann (Eds.). *Culture and processes of adult learning.* Nova York: Routledge, 1993.

KOP, Rita; HILL, Adrian. Connectivism: learning theory of the future or vestige of the past? *The International Review of Research in Open and Distance Learning,* v. 9, n. 3, 2008. Disponível em: <http://www.irrodl.org/index.php/irrodl/article/view/523/113>. Acesso em: 6 jul. 2011.

KOSTER, Raph. *Theory of fun for game design.* Scottsdale, AZ: Paraglyph, 2004.

KUHN, Thomas. *A estrutura das revoluções científicas.* Trad. de Beatriz Vianna Boeira e Nelson Boeira. 4. ed. São Paulo: Perspectiva, 1996.

LAPA, Andrea; PRETTO, Nelson de L. Educação a distância e precarização do trabalho docente. *Em Aberto,* Brasília, v. 23, n. 84, p. 79-97, nov. 2010. Disponível em: <http://www.rbep.inep.gov.br/index.php/emaberto/article/viewFile/1792/1355>. Acesso em: 6 jul. 2011.

LEHTO, Otto. The collapse and reconstitution of the cinematic narrative: interactivity vs immersion in game worlds. *Rivista on-line dell'Associazione Italiana di Studi Semiotici,* Serie speciale, Anno III, n. 5, p. 21-28, 2009. Disponível em: <http://www.ec-aiss.it/monografici/5_computer_games/2_lehto.pdf>. Acesso em: 6 jul. 2011.

LEMGRUBER, Márcio S. Educação a Distância: para além dos caixas eletrônicos. Disponível em: <http://portal.mec.gov.br/arquivos/conferencia/documentos/marcio_lemgruber.pdf>. Acesso em: 17 jul. 2011.

LEMOS, André L. M. Anjos interativos e retribalização do mundo. Sobre interatividade e interfaces digitais. Disponível em: <http://www.facom.ufba.br/ciberpesquisa/lemos/interativo.pdf>. Acesso em: 17 jul. 2011.

LÉVY, Pierre. *As tecnologias da inteligência*: o futuro do pensamento na era da informática. Trad. de Carlos Irineu da Costa. Rio de Janeiro: Ed. 34, 1993.

______. *O que é virtual*. Trad. de Paulo Neves. São Paulo: Ed. 34, 1996. (Coleção Trans).

LIFTON, Joshua H. *Dual reality: an emerging medium*. Massachusetts, 2007. (PhD thesis) – Program in Media Arts and Sciences, Massachusetts Institute of Technology.

LIFTON, Joshua et al. Metaphor and manifestation – cross-reality with ubiquitous sensor/actuator networks. *IEEE Pervasive Computing: Mobile and Ubiquitous Systems*, v. 8, n. 3, p. 24-33, jul.-set. 2009.

LIFTON, Joshua; PARADISO, Joseph A. Dual reality: merging the real and virtual. In: Proceedings of The First International Icst Conference on Facets of Virtual Environments (FaVE), Berlin, Germany, 27-29 jul. 2009.

LIM, Kenneth. Y. T. The six learnings of Second Life: a framework for designing curricular Interventions in-world. *Journal of Virtual Worlds Research*, v. 2, n. 1, p. 3-11, 2009.

LITTO, Fredric Michael; FORMIGA, Manuel Marcos Maciel (Org.). *Educação a distância*: o estado da arte. São Paulo: Pearson Education do Brasil, 2009.

LOHR, Linda. *Creating graphics for learning and performance*: lessons in visual literacy. 2nd ed. Upper Saddle River, NJ: Pearson Education, 2008.

MADAUS, George F.; KELLAGHAN, Thomas. Models, metaphors, and definitions in evaluation. In: STUFFLEBEAM, Daniel L.; MADAUS, George F.; KELLAGHAN, Thomas (Eds.). *Evaluation models*: viewpoints on educational and human services evaluation. 2nd ed. Boston, MA: Kluwer Academic Publishers, 2000.

MAGER, Robert F. *Making instruction work, or skillbloomers*. 2nd ed. Atlanta, GA: Center for Effective Performance, 1997.

MAIA, Carmem; MATTAR, João. *ABC da EaD*: a educação a distância hoje. São Paulo: Pearson, 2007.

MAINA, Faith W. Authentic learning: perspectives from contemporary educators [Editorial]. *Journal of Authentic Learning*, v. 1, n. 1, p. 1-8, 2004.

MARCHAND, Maria. *Les paradis informationnels*: du Minitel aux services de communication du futur. Paris: Masson, 1987.

MATTAR, João. A Distance Education Online Seminar Mashing Up Several Web 2.0 Tools, 18 mar. 2010 (slides). Disponível em: <http://www.slideshare.net/joaomattar/a-distance-education-online-seminar-mashing-up-several-web-2-0-tools>. Acesso em: 6 jul. 2011a.

______. Conteudista + Designer Instrucional + Webdesigner + Tutor= uma equação que não fecha. In: BARROS, Daniela M.V. et al. *Educação e tecnologias*: reflexão, inovação e práticas. Lisboa: [s.n.], 2011a. Disponível em: <http://www.scribd.com/doc/49394664/Joao>. Acesso em: 7 jul. 2011b.

______. *Games em educação*: como os nativos digitais aprendem. São Paulo: Pearson Prentice Hall, 2009a.

______. Interatividade e aprendizagem. In: LITTO, Fredric; FORMIGA, Marco (Org.). *Educação a Distância*: o estado da arte. São Paulo: Pearson Education do Brasil, 2009b.

______. *Metodologia científica na era da informática*. 3. ed. São Paulo: Saraiva, 2008.

______. Technological minimalism versus Second Life: time for content minimalism. In: ZAGALO, Nelson; MORGADO, Leonel; BOA-VENTURA, Ana (Eds.). *Virtual worlds and metaverse platforms*: new communication and identity paradigms. Hershey, Pennsylvania: IGI Global, 2011c.

______. Tutor é professor. *De Mattar* (blog). 16 abr. 2011b. Disponível em: <http://blog.joaomattar.com/2011/04/16/tutor-e-professor/>. Acesso em: 20 jul. 2011d.

MATTAR, João; VALENTE, Carlos. *Second Life e Web 2.0 na educação*: o potencial revolucionário das novas tecnologias. São Paulo: Novatec, 2007.

MATURANA, Humberto R.; VARELA, Francisco J. *A árvore do conhecimento*: as bases biológicas da compreensão humana. Trad. de Humberto Mariotti e Lia Diskin. São Paulo: Palas Athena, 2001.

MAYES, Terry. Theoretical perspectives on interactivity in e-learning. In: JUWAH, Charles (Ed.). *Interactions in on-line education*: implications for theory and practice. Nova York: Routledge, 2006.

METROS, Susan E.; HEDBERG, John G. More than just a pretty (inter) face: the role of the graphical user interface in engaging online learners. *Quarterly Review of Distance Education*, v. 3, n. 2, p. 141-160, 2002.

MISHRA, Sanjaya; JUWAH, Charles. Interactions in online discussions: a pedagogical perspective. In: JUWAH, Charles (Ed.). *Interactions in online education*: implications for theory and practice. Nova York: Routledge, 2006.

MOORE, Michael G. (Ed.). *Handbook of distance education*. 2nd. ed. Mahwah, NJ: Lawrence Erlbaum, 2007.

______. Three types of interaction. *American Journal of Distance Education*, v. 3, n. 2, p. 1-6, 1989. Disponível em: <http://www.ajde.com/Contents/vol3_2.htm#editorial>. Acesso em: 20 jul. 2011.

MOORE, Michael G.; ANDERSON, William G. (Eds.). *Handbook of distance education*. Mahwah, NJ: Lawrence Erlbaum, 2003.

MOORE, Michael G.; KEARSLEY, Greg. *A educação a distância:* uma visão integrada. Trad. de Roberto Galman. São Paulo: Thomson Learning, 2007.

MORAN, José Manuel. O que aprendi sobre avaliação em cursos semipresenciais. In: SILVA, Marco; SANTOS, Edméa (Org.). *Avaliação da aprendizagem em educação on-line*: fundamentos, interfaces e dispositivos, relatos de experiências. São Paulo: Loyola, 2006.

MORIN, Edgar. *O problema epistemológico da complexidade*. 3. ed. Lisboa: Publicações Europa-América, 2002.

MORRISON, Gary R.; ROSS, Steven M.; KEMP, Jerrold. E. *Designing effective instruction*. 4th ed. Nova York: Wiley, 2004.

MOSKAL, Barbara; LEYDENS, Jon. Scoring rubric development: validity and reliability. In: BOSTON, Carol (Ed.). *Understanding scoring rubrics: a guide for teachers*. ERIC Clearinghouse on Assessment and Evaluation, University of Maryland, College Park, MD, 2002.

MURRAY, Janet H. *Hamlet on the holodeck*: the future of narrative in cyberspace. Cambridge, MA: MIT Press, 1998.

NOGUEIRA, Leandro. No ensino superior, também na lanterna. *Observatório da Universidade* (blog). 25 abr. 2011. Disponível em: <http://www.observatoriodauniversidade.blog.br/Blog/blog/2011/04/25/09139bc7-e430-40e8-af00-998b5cbc776a.aspx>. Acesso em: 6 jul. 2011.

OBLINGER, Diana G.; RUSH, Sean C. The involvement of corporations in distance education. In: MOORE, Michael G.; ANDERSON,

William G. (Eds.). *Handbook of distance education*. Mahwah, NJ: Lawrence Erlbaum, 2003.

OWSTON, Ron. Models and methods for evaluation. In: SPECTOR, J. Michael et al. (Eds.). *Handbook of research on educational communications and technology*. 3rd ed. Mahwah, NJ: Lawrence Erlbaum Associates, 2008.

PALLOFF, Rena M.; PRATT, Keith. *O aluno virtual*: um guia para trabalhar com estudantes *on-line*. Trad. de Vinicius Figueira. Porto Alegre: Artmed, 2004.

PARKER, Angie. Interaction in distance education: the critical conversation. *Educational Technology Review*, Chesapeake, n. 12, p. 13-17, 1999. Disponível em: <http://www.editlib.org/index.cfm/files/paper_8117.pdf?fuseaction=Reader.DownloadFullText&paper_id=8117&from=NEWDL>. Acesso em: 21 jul. 2011.

PEREIRA, Antonia Alves. #Eadsunday: Educação a Distância em discussão aos domingos. São Paulo, 2010. Estudo de caso (Uma experiência bem-sucedida no Twitter) – Universidade de São Paulo. Disponível em: <http://issuu.com/antoniacj/docs/monografia_eadsunday_final>. Acesso em: 7 jul. 2011.

PESCE, Lucila. As contradições da institucionalização da Educação a Distância, pelo Estado, nas políticas de formação de educadores: resistência e superação. *Revista HISTEDBR On-line*, Campinas, n. 26, p. 183-208, jun. 2007. Disponível em: <http://www.histedbr.fae.unicamp.br/art11_26.pdf>. Acesso em: 7 jul. 2011.

PETERS, Otto. *A Educação a Distância em transição*: tendências e desafios. Trad. de Leila Ferreira de Souza Mendes. São Leopoldo, RS: Ed. Unisinos, 2004.

______. *Didática do Ensino a Distância*: experiências e estágio da discussão numa visão internacional. Trad. de Ilson Kayser. São Leopoldo, RS: Ed. Unisinos, 2001.

PHILLIPS, Linda Fogg; BAIRD, Derek; FOGG, BJ. Facebook for Educators, maio 2011. Disponível em: <http://facebookforeducators.org/wp-content/uploads/2011/05/Facebook-for-Educators.May-15.pdf>. Acesso em: 7 jul. 2011.

PIRES, Daiana Trein. *Educação on-line em metaverso*: a mediação pedagógica por meio da telepresença via avatar em MDV3D. São Leopoldo, 2010. Dissertação (Mestrado) – Educação, Universidade do Vale do Rio dos Sinos (Unisinos).

PISCITELLI, Alejandro; ADAIME, Iván; BINDER, Inés (Comp.). *El Proyecto Facebook y la posuniversidad*. Sistemas operativos sociales y entornos abiertos de aprendizaje. Barcelona, ES: Fundación Telefónica, 2010. Colección Fundación Telefónica Ariel. Disponível em: <http://www.fundacion.telefonica.com/es/debateyconocimiento/eventos/eventos/2010/mayo/pdf/EVEN_DYC_ESP_El%20proyecto%20Facebook_y_la_posuniversidad_07_05_10.pdf>. Acesso em: 7 jul. 2011.

POSAVAC, Emil J.; CAREY, Raymond G. *Program evaluation*: methods and case studies. Englewood Cliffs, NJ: Prentice-Hall, 1985.

PRENSKY, Marc. *Digital game-based learning*: practical ideas for the application of digital game-based learning. St. Paul, MN: Paragon House, 2007.

______. *Don't bother me, Mom, I'm learning!*: how computers and video games are preparing your kids for 21st century success and how you can help! St. Paul, MN: Paragon House Publishers, 2006.

PRIMO, Alex F. T. *Interação mediada por computador*: comunicação – cibercultura – cognição. Porto Alegre: Sulina, 2007.

RECUERO, Raquel. *Redes sociais na Internet*. Porto Alegre: Sulina, 2009. (Coleção Cibercultura). Disponível em: <http://www.redessociais.net/cubocc_redessociais.pdf>. Acesso em: 7 jul. 2011.

RICHARDSON, Will. *Blogs, wikis, podcasts, and other powerful web tools for classrooms*. Thousand Oaks, CA: Corwin Press, 2006.

RODRIGUES, Claudia. *O uso de blogs como estratégia motivadora para o ensino de escrita na escola*. Campinas, 2008. Dissertação (Mestrado) – Instituto de Estudos da Linguagem. Programa de Pós-Graduação em Linguística Aplicada, Universidade Estadual de Campinas.

ROSE, Ellen. Deconstructing interactivity in educational computing. *Educational Technology*, v. 39, n. 1, p. 43-49, jan.-fev. 1999.

SAMPLE, Mark. Twitter is a Snark Valve. *Sample Reality* (blog), 7 out. 2009. Disponível em: <http://www.samplereality.com/2009/10/07/twitter-is-a-snark-valve/>. Acesso em: 7 jul. 2011.

SANTAELLA, Lucia; RAMOS, Renata. *Redes sociais digitais*: a cognição conectiva do Twitter. São Paulo: Paulus, 2010.

SANTOS, Edméa. Portfólio e cartografia cognitiva: dispositivos e interfaces para a prática da avaliação formativa em educação *on-line*. In: SILVA, Marco; SANTOS, Edméa (Org.). *Avaliação da aprendizagem em educação on-line*: fundamentos, interfaces e dispositivos, relatos de experiências. São Paulo: Loyola, 2006.

SCHLEMMER, Eliane. Ecodi-Ricesu – formação/capacitação/ação pedagógica em rede utilizando a tecnologia de metaverso. Anais do XV Endipe – Encontro Nacional de Didática e Prática de Ensino, Belo Horizonte, 2010. CD-ROM.

SHIH, Yu-Fen; SHYU, Hsin-Yih.; CHEN, Ru-Shiou. Effects of knowledge abstraction with anchored instruction on learning transfer. In: Proceedings of Selected Research and Development Presentations at the 19Th 1997 National Convention of the Association for Educational Communications end Technology. Albuquerque, NM, p. 453-460, fev. 14-18, 1997. Disponível em: <http://www.eric.ed.gov/PDFS/ED409877.pdf>. Acesso em: 7 jul. 2011.

SIEMENS, George. Connectivism: a learning theory for the digital age. *International Journal of Instructional Technology and Distance Learning*, v. 2, n. 1, jan. 2005. Disponível em: <http://www.itdl.org/Journal/Jan_05/article01.htm>. Acesso em: 7 jul. 2011.

______. Learning and knowing in networks: changing roles for educators and designers. Paper 105, University of Georgia IT Forum, 27 jan. 2008. Disponível em: <http://it.coe.uga.edu/itforum/Paper105/Siemens.pdf>. Acesso em: 7 jul. 2011.

______. Moving beyond self-directed learning: network-directed learning. *Connectivism:* networked and social learning (blog). 1º maio 2011. Disponível em: <http://www.connectivism.ca/?p=307>. Acesso em: 7 jul. 2011.

SILVA, Andrea C. *Reconhecendo estilos de aprendizagem em mundos virtuais 3D como subsídio para o design educacional*. São Paulo, 2010. Dissertação (Mestrado) – Design, Senac-SP.

SILVA, Marco. Criar e professorar um curso *online*: relato de experiência. In: SILVA, Marco (Org.). *Educação online*. São Paulo: Loyola, 2006a.

______ (Org.). *Educação on-line*: teorias, práticas, legislação, formação corporativa. São Paulo: Loyola, 2003.

______. Interatividade: uma mudança do esquema clássico da comunicação. *Boletim Técnico do Senac*, Rio de Janeiro, v. 26, n. 3, set.-dez. 2000.

Disponível em: <http://www.senac.br/BTS/263/boltec263c.htm>. Acesso em: 21 jul. 2011.

______. Que é interatividade? *Boletim Técnico do Senac*, Rio de Janeiro, v. 24, n. 2, maio-ago. 1998. Disponível em: <http://www.senac.br/BTS/242/boltec242d.htm>. Acesso em: 21 jul. 2011.

______. *Sala de aula interativa*. 4. ed. Rio de Janeiro: Quartet, 2006b.

______. Sala de aula interativa: a educação presencial e a distância em sintonia com a era digital e com a cidadania. *Boletim Técnico do Senac*, Rio de Janeiro, v. 27, n. 2, maio-ago. 2001. Disponível em: <http://www.senac.br/BTS/272/boltec272e.htm>. Acesso em: 21 jul. 2011.

SILVA, Marco; PESCE, Lucila; ZUIN, Antonio (Org.). *Educação on-line*: cenário, formação e questões didático-metodológicas. Rio de Janeiro: Wak, 2010.

SILVA, Marco; SANTOS, Edméa (Org.). *Avaliação da aprendizagem em educação on-line*: fundamentos, interfaces e dispositivos, relatos de experiências. São Paulo: Loyola, 2006.

SILVA, Robson Santos da. *Moodle para autores e tutores*: educação a distância na web 2.0. São Paulo: Novatec, 2010.

SIMS, Rod. An interactive conundrum: constructs of interactivity and learning theory. *Australian Journal of Educational Technology*, v. 16, n. 1, p. 45-47, 2000. Disponível em: <http://www.ascilite.org.au/ajet/ajet16/sims.html>. Acesso em: 21 jul. 2011.

______. Beyond instructional design: making learning design a reality. *Journal of Learning Design*, v. 1, n. 2, p. 1-7, 2006. Disponível em: <http://www.jld.qut.edu.au/publications/vol1no2/documents/beyond%20instructional%20design.pdf>. Acesso em: 21 jul. 2011.

______. Interactivity: a forgotten art? Faculty of Education, University of Technology, Sydney, 27 jan. 1997. Disponível em: <http://www2.gsu.edu/~wwwitr/docs/interact/>. Acesso em: 21 jul. 2011.

SIMS, Rod; HEDBERG, John. Encounter theory: a model to enhance on-line communication, interaction and engagement. In: JUWAH, Charles (Ed.). *Interactions in on-line education*: implications for theory and practice. Nova York: Routledge, 2006.

SMITH, Patricia L.; RAGAN, Tilman J. *Instructional design*. 3rd ed. Hiboken, NJ: John Wiley & Sons, 2005.

SOLOMON, Gwen; SCHRUM, Lynne. *Web 2.0*: new tools, new schools. Washington, DC: ISTE, 2007.

SONTAG, Maria. A learning theory for 21st-century students. *Innovate,* v. 5, n. 4, 2009.

SOO, K.; BONK, C. J. Interaction: what does it mean in on-line distance education? In: Ed/Media/Ed-Telecom 98 World Conference on Educational Multimedia and Hypermedia & World Conference on Educational Telecommunications, Freiburg, Germany, 1998. Disponível em: <http://www.itdl.org/journal/Jan_04/article02.htm>. Acesso em: 21 jul. 2011.

SUTTON, Leah A. The principle of vicarious interaction in computer-mediated communications. *International Journal of Educational Telecommunications,* Norfolk, VA, v. 7, n. 3, p. 223-242, 2001. Disponível em: <http://www.ioe.ac.uk/ccs/dowling/cmc2004/papers/Sutton-VicariousInteraction.pdf>. Acesso em: 21 jul. 2011.

TORI, Romero. *Educação sem distância*: as tecnologias interativas. São Paulo: Senac SP, 2010.

TORRES, Patrícia L.; BOCHNIAK, Regina. Avaliação em Educação a Distância numa perspectiva interdisciplinar. In: SILVA, Marco; SANTOS, Edméa (Org.). *Avaliação da aprendizagem em educação on-line*: fundamentos, interfaces e dispositivos, relatos de experiências. São Paulo: Loyola, 2006.

TORREZZAN, Cristina A. W.; BEHAR, Patrícia A. Parâmetros para a construção de materiais educacionais digitais do ponto de vista do design pedagógico. In: BEHAR, Patrícia A. et al. (Org.). *Modelos pedagógicos em Educação a Distância*. Porto Alegre: Artmed, 2009.

TRACTENBERG, Leonel; TRACTENBERG, Régis. Seis competências essenciais da docência on-line independente. In: 13° Congresso Internacional da ABED, Curitiba, 2 a 5 set. 2007. Disponível em: <http://www.abed.org.br/congresso2007/tc/552007113218PM.pdf>. Acesso em: 7 jul. 2011.

______. The advantages of independent on-line teaching: an experience report. In: Anais do 22nd Icde World Conference. Rio de Janeiro, 3 a 6 set. 2006. CD-ROM.

VALENTINI, Carla B.; SOARES, Eliana M. do S. (Org.). *Aprendizagem em ambientes virtuais* [recurso eletrônico]: compartilhando ideias e construindo cenários. Caxias do Sul, RS: Educs, 2010. Disponível em: <http://www.ucs.br/etc/revistas/index.php/aprendizagem-ambientes-virtuais/issue/view/37/showToc>. Acesso em: 7 jul. 2011.

VERHAGEN, Plon. Connectivism: a new learning theory? 2006. Disponível em: <http://www.surfspace.nl/nl/Redactieomgeving/Publicaties/Documents/Connectivism%20a%20new%20theory.pdf>. Acesso em: 7 jul. 2011.

WAGNER, Ellen D. In support of a functional definition of interaction. *The American Journal of Distance Education*, v. 8, n. 2, p. 6-29, 1994.

______. Interactivity: from agents to outcomes. *New Directions for Teaching and Learning*, n. 71, p. 19-26, out. 1997.

WILLIAMS, Robin; TOLLETT, John. *The non-designer's web book*: an easy guide to creating, designing and posting you own web site. 3rd ed. Berkeley, CA: Peachpit Press, 2006.

WILSON, Brent G.; MYERS, Karen M. Situated cognition in theoretical and practical context. In: JONASSEN, David H.; LAND, Susan M. (Eds.). *Theoretical foundations of learning environments*. Mahwah, NJ: Lawrence Erlbaum, 2000.

YACCI, Michael. Interactivity demystified: a structural definition for online learning and intelligent CBT. *Educational Technology*, n. 40, p. 5-16, ago. 2000. Disponível em: <http://www.it.rit.edu/~may/interactiv8.pdf>. Acesso em: 20 jul. 2011.

YOUNG, Michael. F.; KULIKOWICH, Jonna M. Anchored instruction and anchored assessment: an ecological approach to measuring situated learning. In: Annual Meeting of the American Educational Research Association. São Francisco, CA, p. 1-21, 22 abr. 1992. Disponível em: <http://eric.ed.gov/PDFS/ED354269.pdf>. Acesso em: 7 jul. 2011.

ZAGALO, Nelson; MORGADO, Leonel; BOA-VENTURA, Ana (Eds.). *Virtual worlds and metaverse platforms:* new communication and identity paradigms. Hershey, Pennsylvania: IGI Global, 2011.

ZEMKE, Ron; ALLISON, Rossett. A hard look at ISD. *Training Magazine*, v. 39, n. 2, p. 27-33, fev. 2002.

Impressão e Acabamento
Bartira
Gráfica
(011) 4393-2911